50일 동안 성경 통독하고

거듭나기

김 사무엘

도서출판 義齊堂

Prologue

"사람이 물과 성령으로 나지 아니하면
하나님 나라에 들어갈 수 없느니라"(요 3:5).
의인으로 거듭나서 천국 영생에 들어가는 것이
우리가 예수님을 믿는 이유이며 목적입니다.

그런데 말입니다.
스스로 의롭다고 여기는 이들,
자칭(自稱) 의인들은 결코 거듭날 수 없습니다.
하나님의 율법 앞에서
자기가 끔찍한 죄인인 줄을 정직하게 깨닫고
"오호라 나는 곤고한 사람이로다
이 사망의 몸에서 누가 나를 건져 내랴"(롬 7:24)
하고 탄식하는 자라야 거듭날 수 있습니다.

자기의 의가 전혀 없는 사람,
곧 심령이 가난한 자라야

"물과 피로 임하신"(요일 5:6)
예수 그리스도를 만나서
"죄 사함으로 말미암는 구원"(눅 1:77)을 받습니다.

그런데 오늘날의 기독교인들 중에는
현대판 바리새인들이 많다는 것이 문제입니다.
그들은 마음에 죄가 가득하면서도 거룩한 척합니다.
그들은 "나는 지옥에 가야 할 죄인입니다"
하고 진솔하게 인정하지 않습니다.
"죄의 삯은 사망"(롬 6:23)입니다.
죄가 호리(毫釐)라도 있으면
결단코 천국의 영생에 들어가지 못합니다.

예수님은 **"우리도 소경인가?"** 하고
반문했던 바리새인들에게,
"너희가 소경 되었더면 죄가 없으려니와
본다고 하니 너희 죄가 그저 있느니라"(요 9:41)
하고 대답하셨습니다.
누구든지 자기가 영적 소경인 줄을

진솔하게 시인해야만, 진리의 복음을 만나서
하나님의 의를 옷 입고 거듭날 수 있습니다.

여러분이 50일간 성경을 통독하는 중에
모두 "진리의 원형복음"을 만나서
하나님 자녀의 영광에 이르기를 간절히 바랍니다.

"또 천국은 마치 좋은 진주를 구하는 장사와 같으니
극히 값진 진주 하나를 만나매 가서
자기의 소유를 다 팔아
그 진주를 샀느니라"(마 13:45-46).

진짜를 만났으면 모조품은 버려야 합니다.
여러분이 값진 진주와 같은 원형의 복음을 만나거든
지금까지 믿었던 "다른 복음"들을 모두 내버리고
기쁨으로 천국 복음을 믿으시기 바랍니다.

2021년 8월
저자 김 사무엘 목사

50일 동안 성경 통독하기 진도표

▶참고 사항이니 각자 수정하셔도 됩니다.

일 차	읽을 성경		일 차	읽을 성경	
	진 도 표	시가·지혜서		진 도 표	시가·지혜서
1일차	창1~20장	시1-2 잠1 전1	26일차	사41~64장	시47-49 잠26
2일차	창21~40장	시3-4 잠2 전2	27일차	렘1~24장	시50-52 잠27
3일차	창41~출10장	시5-6 잠3 전3	28일차	렘25~44장	시53-55 잠28
4일차	출11~30장	시7-8 잠4 전4	29일차	렘45~애5장	시56-59 잠29
5일차	출31~레10장	시9-10 잠5 전5	30일차	겔1~24장	시60-61 잠30
6일차	레11~민3장	시11-12 잠6 전6	31일차	겔25~48장	시62-65 잠31
7일차	민4~26장	시13-14 잠7 전7	32일차	단1~호8장	시 66-69
8일차	민27~신12장	시15-16 잠8 전8	33일차	호9~요엘~암9장	시 70-73
9일차	신13~34장	시17-18 잠9 전9	34일차	오바댜, 요나, 미가, 나훔, 하박국, 스바냐	시 74-80
10일차	수1~20장	시19-20 잠10 전10	35일차	학개, 스가랴, 말라기	시 81-84
11일차	수21~삿16장	시21-22 잠11 전11	36일차	마1~20장	시 85-89
12일차	삿17~삼상11장	시23-24 잠12 전12	37일차	마21~막16장	시 90-93
13일차	삼상12~31장	시25-27 잠13	38일차	눅1~24장	시 94-97
14일차	삼하1~24장	시28 잠14	39일차	요1~21장	시 98-101
15일차	왕상1~22장	시29 잠15	40일차	행1~20장	시 102-105
16일차	왕하1~25장	시30 잠16	41일차	행21~롬16장	시 106-109
17일차	대상1~20장	시31 잠17	42일차	고전1~16장	시 110-114
18일차	대상21~대하10장	시32-33 잠18	43일차	고후1~13장	시 115-108
19일차	대하11~36장	시34 잠19	44일차	갈1~빌4장	시 119
20일차	에스라1~느13장	시35-36 잠20	45일차	골1~살후3장	시 120-125
21일차	에스더1~욥10	시37-38 잠21	46일차	딤전1~몬1장	시 126-130
22일차	욥11~30장	시39-40 잠22	47일차	히1~13장	시 131-135
23일차	욥31~아8장	시41-42 잠23	48일차	벧전1~벧후3장	시 136-140
24일차	사1~20장	시43-44 잠24	49일차	요한1,2,3서	시 141-145
25일차	사21~40장	시45-46 잠25	50일차	계1~22장	시 146-150

50 일간 성경통독 제1일 묵상
〈창 1~20장, 시1-2 잠1 전1〉

하나님께서는 왜 아벨의 제물만 기쁘게 받으셨나?

"세월이 지난 후에 가인은 땅의 소산으로
제물을 삼아 여호와께 드렸고
아벨은 자기도 양의 첫 새끼와
그 기름으로 드렸더니
여호와께서 아벨과 그 제물은 열납하셨으나
가인과 그 제물은 열납하지 아니하신지라
가인이 심히 분하여 안색이 변하니"(창 4:3-5).

아담의 두 아들 가인과 아벨은
각자 다른 제물로 하나님께 제사를 드렸습니다.
그런데 하나님께서 아벨의 제사는 받으시고
가인의 제사는 받지 않으셨습니다.
왜 그러셨을까요?

이 질문의 대답은 성경 전체를 관통하는

구원의 원리를 설명해 줍니다.
하나님 말씀은 영이요 생명입니다.

아담이 그 아내 하와와 동침하여서
첫째 아들인 가인을 낳았습니다.
가인(קַיִן, Qayin)이라는 이름은
"얻었다"라는 뜻입니다.
가인은 나면서부터 튼실했습니다.

반면에 둘째 아들 아벨은
태어나면서부터 부실했습니다.
아벨(Abel)은 히브리어로 "헤벨" (הֶבֶל, Hevel)인데,
그 어원(語源)은 "숨" 또는 "공허"라는 뜻입니다.

세월이 흘러
각자가 하나님께 제사를 드리게 되었을 때,
자신이 너무나 악하고 부족하다고 깨달은
아벨은 하나님께 드릴 만한 의로운 것이
자기에게 전혀 없다는 사실을 인정했습니다.

그래서 아벨은 아버지 아담으로부터 들었던
구원의 복음에 담긴 하나님의 의(義)를
믿음으로 듣고 하나님께 나갔습니다.

아벨은 아담과 똑같은 희생(犧牲)의 제사,
즉 **"양의 첫 새끼와 그 기름으로"**
제사를 드렸습니다.
"양의 첫 새끼"는 예수 그리스도를,
"그 기름"은 성령을 의미합니다.
따라서 아벨의 제사는
장차 오실 메시아를 믿음으로 죄 사함을 받고서
감사로 드린 제사였습니다.

하나님의 독생자인 예수 그리스도는
전 인류의 대속 제물이 되기 위해서,
처녀 마리아의 태에 성령으로 잉태되신
성자(聖子) 하나님입니다.

인류의 죄를 담당하려면

흠 없는 제물(몸)이 있어야 하였기에,
영이신 성자(聖子) 하나님이 사람의 육신을 입고
인류의 역사 속으로 들어오셨습니다.
예수님은 육신을 입고 이 땅에 오신
하나님의 아들, "양의 첫 새끼"입니다.

구약의 대속죄일(大贖罪日)에
대제사장 아론은 아사셀 염소에게 안수함으로
이스라엘 백성의 1년 치 죄를 단번에 넘겼습니다.
예수님께서는 아론의 후손이고 인류의 대표자인
세례 요한에게 안수의 형식으로 세례를 받으셔서
우리 인류의 모든 죄를 친히 담당하셨습니다.

그래서 예수님은 세례 받은 이튿날에
"보라 세상 죄를 지고 가는
하나님의 어린 양이로다"(요 1:29)라는 증거를
세례 요한에게서 받았습니다.
"이와 같이 하여"(마 3:15),
즉 안수(按手)의 형식으로 세례를 받은 예수님은

"우리 무리의 죄악을 담당"(사 53:6)하셨습니다.
받으신 세례로 인류의 모든 죄악을
당신의 몸에 온전히 짊어지신 예수님은
십자가에 못 박히셨습니다.
그리고 **"다 이루었다"**(요 19:30) 하시기까지
대속(代贖)의 피를 흘리시고 돌아가셨습니다.

아벨은 자기의 부족과 연약과 악함을 인정하는
"심령이 가난한 자"(마 5:3)였습니다.
아벨은 "저는 하나님의 의를 의지하지 않고서는
도저히 구원을 받을 수 없습니다"라고 고백하고,
하나님의 의의 복음을 믿었습니다.

아벨은 아버지 아담이 전해 준 복음,
영원히 해지지 않는 **"가죽옷 복음"**을 믿었습니다.
그래서 아벨은 장차 오실 구원자가 드려 주실
영원한 속죄의 제사를 믿음으로 바라보며
감사의 제사를 드렸습니다.
그것이 **"양의 첫 새끼와 그 기름"**으로 드린

아벨의 제사였습니다.

그러나 가인은 땅의 소산
즉 자기 자신의 의(義)를 들고
하나님께 나와서 불법의 제사를 드렸습니다.
가인의 제사와 아벨의 제사는
영적으로 전혀 다른 제사입니다.

아벨이 드린 믿음의 제사를 보시고
하나님께서는 기뻐하셨습니다.
그러나 하나님께서는 가인의 제물을 보시고는
마음이 아프셨습니다.
하나님께서는
당신의 외아들을 아낌없이 희생해서
가인을 모든 죄에서 온전히 구원해 주겠다고
말씀하셨건만,
가인은 하나님의 의의 복음을 믿지 않고
오히려 자기의 의를 들고서 하나님께 나왔습니다.

"아닙니다, 하나님! 됐습니다!
저에게 그렇게까지 해 주시지 않아도 됩니다.
저는 얼마든지 선하고 의롭게 살 수 있습니다"
이렇게 가인은 하나님 앞에서 당당했습니다.

하나님께서는 **"땅의 소산으로 드린"**
가인의 제사를 받으실 수 없었습니다.
사람의 의는 자기의 눈에는 깨끗하게 보여도
넝마와 같고 **"더러운 옷"**(사 64:6)과 같습니다.

오늘날에도 하나님 앞에서
자기의 의와 잘남과 선행과 공로를 자랑하는
기독교인들이 많습니다.
그런 이들은 가인의 길을 좇는 자인 줄
스스로 깨닫고 속히 돌이켜야 합니다.
그리고 아벨처럼 **"양의 첫 새끼와 그 기름으로"**
예물을 삼아 의의 제사를 드려야 합니다.

50 일간 성경통독 제2일 묵상
〈창 21~40장, 시3-4 잠2 전2〉

흠결(欠缺) 있고 부족한 자라야 주님의 양이 됩니다

"야곱이 버드나무와 살구나무와 신풍나무의
푸른 가지를 취하여
그것들의 껍질을 벗겨 흰 무늬를 내고
그 껍질 벗긴 가지를 양떼가 와서 먹는
개천의 물구유에 세워 양떼에 향하게 하매
그 떼가 물을 먹으러 올 때에 새끼를 배니
가지 앞에서 새끼를 배므로 얼룩얼룩한 것과
점이 있고 아롱진 것을 낳은지라(창 30:37-39).

야곱은 외삼촌 라반의 양떼를 돌보면서
외삼촌과 약조를 맺었습니다.
이제부터 새로 태어나는 양이나 염소의 새끼가
"얼룩얼룩한 것과 점이 있고 아롱진 것"이면
야곱의 소유가 되고
하얀 새끼들은 라반의 것이 되기로 약속했습니다.

이는 어떤 자들이 예수님께 속해서
구원을 받을 것인가를 계시해 주는 말씀입니다.

예수님께 속할 자들은 얼룩얼룩하고 점이 있는,
즉 흠결(欠缺)이 있는 자들입니다.
자기가 얼마나 악하고 부족한지,
흠이 많은지를 인정하는 이들이라야
하나님의 의를 믿음으로
흰 눈처럼 죄 사함을 받고 거룩해져서
"예수 그리스도의 것"(롬 1:6)이 됩니다.

태어날 때부터 새하얀 양이나 염소는
자기가 퍽이나 의로운 줄로 착각하는
자칭(自稱) 의인들을 상징합니다.
바리새인처럼 자기 의의 부자(富者)들은
"죄 사함으로 말미암는 구원"(눅 1:77)을
받지 못하고, 스스로를 의롭다고 착각하는 중에
"경건의 모양"만 내는 종교인이 되고 맙니다.

야곱은 양이나 염소들이 물을 마시러 올 때에,
버드나무와 살구나무와 신풍나무의
푸른 가지의 껍질을 벗겨서 흰 무늬를 내고
그것들을 시냇물에 세워 마시게 했습니다.
그러자 양과 염소의 암컷들이
얼룩얼룩하거나 점이 있거나 아롱진 새끼를 낳아서 야곱의 것들이 되었습니다.

하나님의 종들이 문자적인 율법의 껍질을 벗겨서
율법에 감춰진 하나님의 뜻을 깨닫게 해 주면, 정직한 이들은 율법 앞에서 자기의 근본 모습을 깨닫습니다.
"하나님, 저는 지옥 갈 수밖에 없는 죄인입니다.
저를 불쌍히 여겨 주십시오" 하고 고백하며
그들은 하나님의 긍휼을 구합니다.

그런 이들이 **"심령이 가난한 자들"**입니다.
"심령이 가난한 자들"이라야
생명의 씨인 진리의 복음을 잉태해서

"그리스도의 것"으로 거듭날 수 있습니다.
그러나 스스로 의롭다고 착각하는 하얀 양들,
즉 자칭(自稱) 의인들은
결코 야곱의 것이 될 수 없습니다.
스스로를 의롭다고 여겼던 바리새인들에게는
예수님도 구원의 은혜를 베풀 수가 없었습니다.

자기 의의 부자(富者)들이 하나님의 의를 얻어서
천국의 영생에 들어가는 것은
낙타가 바늘귀로 들어가는 것보다 어렵습니다.
여러분은 자신을 어떤 자라고 인식합니까?
성경은 **"만물보다 거짓되고 심히 부패한 것은
마음이라"**(렘 17:9)고 선포합니다.

예수님께서는
**"속에서 곧 사람의 마음에서 나오는 것은
악한 생각 곧 음란과 도적질과 살인과 간음과
탐욕과 악독과 속임과 음탕과 흘기는 눈과
훼방과 교만과 광패니 이 모든 악한 것이**

다 속에서 나와서 사람을 더럽게 하느니라"(막 7:21-23) 하고 말씀하셨습니다.

여러분은 마음에 모든 **"악한 생각"**(막 7:23)이
가득 차 있노라고 인정합니까?
여러분은 자신이 죄 덩어리인 것을 인정합니까?
"나는 의가 전혀 없고 그저 흠투성이입니다"라고
인정합니까?
그런 이가 **"죄 사함으로 말미암는 구원"**을 받고
"예수 그리스도의 것"(롬 1:6)이 됩니다.

제 11시(오후 5시)에 포도원에 들어온 자들처럼
자기에게는 내세울 만한 의가 전혀 없는 자들,
자기는 지옥에 가야 마땅한 죄인이라고 고백하며
하나님의 긍휼을 바라는 자들,
즉 자기 의의 꼴찌들이라야
"성령과 물과 피가 합하여 하나"(요일 5:8)인
성경대로의 복음을 믿어서
죄 사함을 받고 **예수 그리스도의 것**이 됩니다.

점이 있고 아롱지고 검은 양과 염소들만
야곱의 것이 되었듯이,
자기는 지옥에 가야 마땅한 죄인이라고
인정하는 자들만이 죄 사함을 받고 거듭나서
그리스도 예수님의 것이 됩니다.

"큰 자는 어린 자를 섬기리라"(창 25:23).
**"이와 같이 나중 된 자로서 먼저 되고
먼저 된 자로서 나중 되리라"**(마 20:16).
이 말씀들이 하나님께서 세우신
구원의 대원칙(大原則)입니다.

그러나 스스로 "의롭다고 자만하는"
현대판 바리새인들은
하나님과 드라빔을 함께 섬겼던
라반의 소유가 된 것으로 만족합니다.
그들은 **"나홀의 하나님"**(창 31:53)을 섬기며
외식하는 종교인으로 허세를 부리다가
끝내는 지옥에 떨어질 자들입니다.

50 일간 성경통독 제3일 묵상
〈창 41~출 10장, 시5-6 잠3 전3〉

회개 기도를 드리면 정말 죄가 없어집니까?

"요셉에게 말을 전하여 가로되 당신의 아버지가 돌아가시기 전에 명하여 이르시기를

너희는 이같이 요셉에게 이르라 네 형들이 네게 악을 행하였을찌라도 이제 바라건대 그 허물과 죄를 용서하라 하셨다 하라 하셨나니 당신의 아버지의 하나님의 종들의 죄를 이제 용서하소서 하매 요셉이 그 말을 들을 때에 울었더라"(창 50:16-17).

아버지 야곱이 죽자,
형제들은 애굽의 총리인 요셉을 두려워했습니다.
"우리가 그에게 행한 대로 혹시 우리를 미워하여
우리에게 앙갚음을 하지 아니할까" 두려웠습니다.
요셉의 형제들은 다급했고 겁에 질렸습니다.
그래서 그들은 거짓말까지 지어 내며
요셉에게 용서를 구했습니다.

요셉은 그들의 말을 듣고서 울었습니다.

마음에 죄가 있는 사람들이
서슬이 시퍼런 하나님의 율법 앞에 서면
저들은 지옥의 형벌을 받을 것이 두렵습니다.
죄 사함의 확신이 없기에 그들은 늘 두렵습니다.
하늘이 칠흑같이 어두워지고
무섭게 천둥 번개가 내려치면
지었던 죄들이 생각나서 두려워 떱니다.
그래서 기독죄인들은 회개 기도를 드려서
죄 사함을 받고자 몸부림칩니다.

죄 사함의 확신은 어디로부터 옵니까?
금식하며 스스로를 괴롭게 하는 데서 옵니까?
놀라운 영적 체험으로부터 옵니까?
예수님께서 꿈에 나타나셔서
"○○집사야, 네 죄를 사했노라"는 말씀을 듣고
당신은 죄 사함의 확신을 얻었습니까?
눈물과 통곡으로 회개 기도를 드리면

진정으로 마음의 죄가 씻은 듯이 없어집니까?

아닙니다.
죄 사함은 **"물과 피로 임하신"** 예수님께서
당신의 몸으로 드려 주신
"한 영원한 제사"(히 10:12)로
우리의 모든 죄가 단번에 영원토록 사해졌다는
복음을 **"확인하고 확신하는 믿음"**에서 옵니다.
하나님께서 인정하시는 믿음이란
"진리의 말씀을 확인하고 확신하는 것"입니다.

예수님은 **"성경대로 우리 죄를 위하여 죽으시고
성경대로 다시 살아나신 분"**(고전 15:3-4)입니다.

구약성경의 속죄의 제사는 "반드시"
다음의 세 가지 조건이 충족되어야 했습니다.
1. **흠 없는 제물**,
2. **안수(죄를 전가함)**,
3. **제물의 죽음(피)**

구약의 속죄 제사의 절정(絶頂)은
대속죄일(大贖罪日)의 제사입니다.
대제사장 아론은 매년 제7월 제10일에,
이스라엘 백성들이 지난 1년 동안 지은 죄를
단번에 사함 받게 하는 속죄 제사를 드렸습니다.

대속죄일(大贖罪日)의 제사의 대미(大尾)는
"아사셀" 염소로 드린 속죄 제사입니다.
성막 안에서의 모든 제사들을 마친 후에,
대제사장 아론은 흠 없는 숫염소를 끌고
백성들 앞으로 나왔습니다.
그는 이스라엘 백성이 보는 앞에서
그 염소의 머리에 안수한 채로
그들이 지난 1년 동안 지은 죄를 고했습니다.

그러면 백성들의 1년 치 죄가 단번에
염소의 머리로 넘어갔습니다(레 16:20-22).
아론은 그 염소를 광야에 내버려서 죽게 함으로
이스라엘 백성의 죗값을 대신 치르게 했습니다.

그 제사는 **장차 오는 좋은 일의 그림자**였습니다.
"이 뜻을 좇아 예수 그리스도의 몸을
단번에 드리심으로 말미암아
우리가 거룩함을 얻었노라"(히 10:10).

예수님은 육신을 입고 오신
성자(聖子) 하나님입니다.
전 인류의 죄를 대속(代贖)하시려고
흠 없는 제물로 오신 하나님의 어린양입니다.
예수님은 인류의 대표자인 세례 요한에게
안수(按手)의 형식으로 세례(洗禮)를 받았습니다.

예수님은 **"그 세례"**(행 10:37)로
"세상 죄를 지고 가는 하나님의 어린양"(요 1:29)
이 되셨습니다.
예수님은 십자가에 못 박히셔서 피 흘리시고
"다 이루었다"(요 19:30)라고 크게 외치신 후에
돌아가셨습니다.

예수님은 육신을 입고 오신
성자(聖子) 하나님입니다.
전 인류의 죄를 짊어지기 위해서
흠 없는 어린양으로 오셔서
요단강에서 받으신 세례와 십자가의 피로
전 인류를 모든 죄에서 온전히 구원하셨습니다.

"성령과 물과 피의 증거가 합하여 하나"(요일 5:8)인 "성경대로"의 복음을
기록된 말씀으로 확인하고 확신하는 자는
결코 정죄함이 없는 "구원의 확신"을 얻습니다.

믿음의 노정(路程)에서 어떠한 어려움이 덮쳐도
영혼의 닻은 견고해서 흔들리지 않기에
믿음의 사람은 결코 심판의 두려움이 없습니다.

요셉은 형제들을 안위했습니다.
"당신들은 나를 해하려 하였으나
하나님은 그것을 선으로 바꾸사

오늘과 같이 만민의 생명을
구원하게 하시려 하셨나니"(창 50:20).

우리는 하나님을 등지고 배반하여
생명의 주를 십자가에 못 박았지만
하나님은 예수님이 받으신 세례와 십자가의 피로
"죄 사함으로 말미암는 구원"(눅 1:77)을
만민에게 선물로 주셨습니다.

형들의 악행을 선으로 바꾸신
하나님의 경륜과 은혜 앞에서
요셉은 형들을 이미 온전히 용서했습니다.
그런데도 두려워하고 애걸하며
용서를 구하는 형들을 바라보면서
요셉은 안타까워하며 울었습니다.

"요셉이 그 말을 들을 때에 울었더라"(창 50:17).

성자 하나님께서 육신을 입고

“물과 피로 임하셔서”(요일 5:6) 완성하신
하나님의 의를 확신하지 못해서
두려워서 날마다 눈물로 회개 기도를 드리며
용서를 구하는 기독죄인들을 바라보시면서
지금도 예수님께서는 안타까워서 우십니다.

진정으로 울어야 할 자들은
예루살렘의 딸들, 즉 종교의 마을에서
묵은 포도주의 교리에 취해 있는 자들입니다.
지금 마음에 죄가 있는 기독죄인(基督罪人)들은
주님의 날에 자기에게 떨어질
지옥의 심판을 두려워하며 울어야 합니다.

“예수께서 돌이켜 그들을 향하여 가라사대
예루살렘의 딸들아 나를 위하여 울지 말고
너희와 너희 자녀를 위하여 울라”(눅 23:28).

50 일간 성경통독 제4일 묵상
〈출 11~30장, 시 7-8편, 잠 4, 전 4〉

"유월절 규례"의 함의(含意)

"이 달 십사 일까지 간직하였다가
해 질 때에 이스라엘 회중이 그 양을 잡고
그 피로 양을 먹을 집
문 좌우 설주와 인방에 바르고
그 밤에 그 고기를 불에 구워
무교병과 쓴 나물과 아울러 먹되
날로나 물에 삶아서나 먹지 말고
그 머리와 정강이와 내장을 다 불에 구워 먹고
아침까지 남겨두지 말며
아침까지 남은 것은 곧 소화하라
너희는 그것을 이렇게 먹을찌니
허리에 띠를 띠고 발에 신을 신고
손에 지팡이를 잡고 급히 먹으라
이것이 여호와의 유월절이니라"(출 12:6-11).

유월절 규례는 죄인이 어린양 예수님을 믿어서

의인으로 거듭나는 비밀을 계시합니다.
"우리의 유월절 양 곧 그리스도께서
희생이 되셨느니라"(고전 5:7).

누구든지 유월절 규례가 계시한 대로,
"물과 피로 임하신"(요일 5:6)
예수님의 구원사역을 믿으면 거듭납니다.

어린양의 피만 인방과 좌우 설주에 바르면
유월절 규례를 모두 지킨 것입니까?
아닙니다.
그 외에, 어린양의 고기를 불에 구워서
머리와 정강이와 내장까지 다 먹어야 했습니다.

하나님께서 기뻐 받으시는 구약의 속죄 제사는
다음의 세 가지 조건을 모두 충족해야 했습니다.
1. 흠 없는 제물,
2. 안수: 제물에게 죄를 전가(轉稼)함,
3. 제물의 죽음(대속의 피)

희생 제물(祭物)의 고기를 불에 구워 먹은 것은,
"그 유월절 양이 안수(按手)를 받아서
자기의 모든 죄를 온전히 담당했다는 사실을
성령님의 감동으로 믿는다"라는 뜻입니다.

유월절 양의 피를
문의 인방과 좌우 설주에 바른 것은,
어린양의 피로 자기의 영과 혼과 육의 모든 죄가
이미 대속의 심판을 받았다는 믿음의 고백입니다.

유월절 양의 고기는
할례(割禮)를 받은 자들만 먹었습니다.
"할례는 마음에 할찌니"(롬 2:29)
마음의 죄가 뚝 끊어져 나간 자들,
즉 거듭난 의인(義人)들이라야
유월절의 규례를 온전히 지킬 수 있습니다.

어린양의 피만 문에 바른다고
유월절 규례를 온전히 지킨 것은 아닙니다.

주님의 피만 마신다고
사망을 회피할 수 있는 것은 아닙니다.

유월(逾越) 즉, 사망에서 생명으로 넘어가려면,
우리는 주님의 살과 피를 다 먹고 마셔야 합니다.
"예수께서 이르시되
내가 진실로 진실로 너희에게 이르노니
인자의 살을 먹지 아니하고
인자의 피를 마시지 아니하면
너희 속에 생명이 없느니라
내 살을 먹고 내 피를 마시는 자는
영생을 가졌고
마지막 날에 내가 그를 다시 살리리니
내 살은 참된 양식이요
내 피는 참된 음료로다"(요 6:53-55).

주님은 육신을 입고 오신 성자 하나님입니다.
주님은 공생애를 시작하시며, 요단강에 오셔서
인류의 대표자인 세례 요한에게
안수(按手)의 형식으로 세례를 받으심으로

당신의 살(육신)에 세상 죄를 담당하셨습니다.

예수께서 받으신 세례의 능력을 믿는 것이
바로 **"주님의 살을 먹는 것"**입니다.
우리는 예수님께서 받으신 세례와
십자가에서 흘리신 피의 능력을 둘 다 믿어야만
사망에서 생명으로 옮겨져서 영생을 얻습니다.

주님의 세례와 십자가의 피,
이 두 가지를 다 믿어야만
"죄 사함으로 말미암는 구원"(눅 1:77)을 받고
천국의 영생(永生)을 얻습니다.

그래서 예수님은 잡히시던 날 저녁,
제자들과 최후의 만찬을 나누던 자리에서
주님은 당신의 몸을 기념하는 떡과
당신의 피를 기념하는 포도주로
성찬(聖餐)의 예식을 세워 주셨습니다.

문의 인방과 좌우의 설주에
어린양의 피를 바르기만 하면
유월절 규례를 온전히 지킨 것입니까?
아닙니다.
어린양의 모든 살과 머리와 내장을 불에 구워서
남김없이 다 먹어야 합니다.

사도 요한은 예수님을
"물과 피로 임하신 분"(요일 5:6)이라고
선포하며 소개했습니다.
예수님께서는 요단강의 물(세례)과
십자가의 피로 임하셔서
하나님의 의를 완성하셨습니다.

"물과 피로 임"하신 하나님의 아들을 믿는 자는
유월절(逾越節)의 규례가 계시하는 대로
흰 눈같이 모든 죄의 사함을 받고
"사망에서 생명으로" 옮겼습니다.

**"내가 진실로 진실로 너희에게 이르노니
내 말을 듣고 또 나 보내신 이를 믿는 자는
영생을 얻었고 심판에 이르지 아니하나니
사망에서 생명으로 옮겼느니라"**(요 5:24).

예수님은 유월절 어린양으로 오신
성자(聖子) 하나님입니다.
예수님의 살을 먹고
예수님의 피를 마시는 믿음이
여러분의 마음에 자리 잡기를 바랍니다.

**"우리의 유월절 양
곧 그리스도께서 희생이 되셨느니라"**(고전 5:7).

성령의 감동하심으로
어린양의 머리와 정강이와 내장까지
다 불에 구워 먹는 자는 복이 있습니다.

50 일간 성경통독 제5일 묵상
〈출 31~레 10장, 시 9-10편, 잠 5, 전 5〉

성막에 계시된 예수 그리스도

"여호와께서 모세에게 일러 가라사대
너는 정월 초일일에 성막 곧 회막을 세우고
또 증거궤를 들여 놓고
또 장으로 그 궤를 가리우고
....
너는 또 아론과 그 아들들을
회막문으로 데려다가 물로 씻기고
아론에게 거룩한 옷을 입히고
그에게 기름을 부어 거룩하게 하여
그로 내게 제사장의 직분을 행하게 하라
....
모세가 그 같이 행하되
곧 여호와께서 자기에게 명하신 대로
다 행하였더라"(출 40:1-3, 12-13, 16)

애굽의 종살이에서 벗어난 이스라엘 백성들은

시내(Sinai) 광야에서 1년 가까이 거하면서
모세를 통해서 주신 하나님의 율법을 받았습니다.
율법은 "하라, 하지 말라"라는 계명뿐 아니라
성막(聖幕)과 제사(祭祀) 제도도 포함합니다.

모세는 출애굽 한 지 만 1년이 되던 날에
여호와 하나님께서 명하신 대로
성막(聖幕)을 완성하여 세웠습니다.
그는 하나님의 말씀대로 제사장의 의복도 지어서
아론과 두 아들에게 입히고
그들을 제사장으로 세웠습니다.

하나님께서는
우리가 당신의 아들을 만날 수 있도록
**"옛적에 선지자들로 여러 부분과 여러 모양으로
우리 조상들에게 말씀"**(히 1:1)하셨습니다.
출애굽기에 기록된 성막(聖幕)의 제도는
예수님의 자세한 초상화입니다.

성막의 제도(制度)는 예수님이 누구시며,
그분이 우리를 어떻게 모든 죄에서
구원해 주실 것인지를 자세히 계시해 줍니다.
그래서 하나님의 말씀을 경외하는 이들은
성막과 제사의 제도에 계시된 구원의 경륜을
배우고 믿어서 죄 사함을 받고
또 믿음의 사람으로 자라납니다.

초대교회의 성도들, 특히
지중해 연안에 흩어져 살던 히브리인 중에는
예수님을 믿은 지 오래되었건만
영적인 눈을 뜨지도 못한 이들이 많았습니다.
영적으로 "단단한 것"은 먹지 못하고
젖이나 먹는 이들이 허다했습니다.
그래서 히브리서의 기자는 그들에게
"그리스도 도의 초보"가 무엇인지를
다시 한번 가르쳐야만 했습니다.

"그러므로 우리가 그리스도 도의 초보를 버리고

죽은 행실을 회개함과
하나님께 대한 신앙과
세례들과 안수와
죽은 자의 부활과
영원한 심판에 관한 교훈의 터를 다시 닦지 말고
완전한데 나아갈찌니라"(히 6:1-2).

우리는 히브리서의 기자(記者)가 열거했던
"그리스도 도의 초보"
(the principles of the doctrine of Christ)의
구성 요소들을 통해서
원형복음의 성경적 실마리를 발견합니다.
그 단서들의 중심에
"세례들과 안수"에 관한 교훈이 있습니다.

대부분의 기독교인들은
"십자가의 피만의 복음"을 믿습니다.
그러나 성경은 **"세례들과 안수"**에 관한 교훈이
복음의 중심이라고 말씀합니다.
예수님께서 인류의 대표자인 세례 요한에게

안수의 형식으로 세례를 받지 않으셨다면,
십자가의 보혈은 우리와 아무 상관이 없습니다.
십자가의 보혈은 예수님께서 받으신 세례의
필연적 귀결(歸結)입니다.

예수님은 **"물로만 아니요 물과 피로 임"**(요일 5:6)하셨습니다.
예수님께서는 안수의 형식으로 받으신 세례로
세상 죄를 당신의 몸에 짊어지셨기에,
반드시 피 흘려 돌아가셔야 했습니다.

하나님을 경외(敬畏)하는 사람은
"극히 값진 진주 하나"(마 13:46)와 같은
진리의 복음을 발견하고 나면,
자기 옛것들을 다 팔아서 그것을 삽니다.
자기 마음의 죄를 흰 눈같이 씻어 주지 못했던
반쪽짜리의 복음을 미련 없이 내어다 버리고
성경대로의 복음을 굳게 붙듭니다.

옛것을 부인하지 않고서는
새것을 얻지 못합니다.

"죄의 삯은 사망"(롬 6:23)입니다.
마음에 죄가 있으면 지옥 불에 들어갑니다.
십자가의 피만의 복음을 믿어서
마음에 죄가 흰 눈같이 씻어질 수 있겠습니까?

내 죄가 예수님께로 넘어간 확증의 말씀이 없는데 어떻게 마음의 죄가 깨끗이 씻어집니까?

그런데도 십자가의 피만으로 된 반쪽짜리 복음을 끝까지 고집하렵니까?

"묵은 포도주를 마시고
새 것을 원하는 자가 없나니
이는 묵은 것이 좋다 함이니라"(눅 5:39).

50 일간 성경통독 제6일 묵상
〈레 11 장~민 3, 시 11-12 편, 잠 6, 전 6〉

영원한 속죄 제사의 그림자

"그 지성소와 회막과 단을 위하여
속죄하기를 마친 후에 산 염소를 드리되
아론은 두 손으로 산 염소의 머리에 안수하여
이스라엘 자손의 모든 불의와
그 범한 모든 죄를 고하고
그 죄를 염소의 머리에 두어
미리 정한 사람에게 맡겨 광야로 보낼찌니
염소가 그들의 모든 불의를 지고
무인지경에 이르거든
그는 그 염소를 광야에 놓을찌니라"
(레 16:20-22).

레위기의 키워드(keyword)는
"거룩함"(holiness)입니다.
"내가 거룩하니 너희도 거룩할찌어다"(레 11:45).
이것이 레위기의 핵심 메시지입니다.

레위기는 이스라엘 백성들이 하나님 앞에서
거룩함을 얻는 속죄 제사의 규례와
그렇게 대속(代贖)의 은혜로 얻은 거룩함을
어떻게 지킬 것인지에 대하여 교훈합니다.

레위기 메시지의 절정은 대속죄일의 규례입니다.
대속죄일(大贖罪日)의 제사, 즉
“해마다 늘 드리는 바 같은 제사”(히 10:1)는
“물과 피로 임하신” 예수님께서 드려 주신
“한 영원한 제사”의 그림자(예고편)입니다.

대속죄일(大贖罪日) 제사의 절정(絶頂)은
그 모든 제사 절차의 마지막에 나타나 있습니다.
성막 안에서의 모든 순서를 마친
대제사장 아론은 이제 마지막 희생 제물인
아사셀 염소를 끌고 회막문 앞으로 나왔습니다.
그는 모든 백성들이 지켜보는 가운데
숫염소의 머리에 안수한 채로
이스라엘 백성의 1년 치 죄를 고했습니다.

그 안수의 기도로 이스라엘 백성의 1년 치 죄가
아사셀 염소의 머리로 단번에 넘어갔습니다.

"아론은 두 손으로 산 염소의 머리에 안수하여
이스라엘 자손의 모든 불의와
그 범한 모든 죄를 고하고
그 죄를 염소의 머리에 두어
미리 정한 사람에게 맡겨 광야로 보낼찌니
염소가 그들의 모든 불의를 지고
무인지경에 이르거든 그는 그 염소를
광야에 놓을찌니라"(레 16:21-22).

안수(按手)는 죄를 희생의 제물에게 넘기는
하나님의 공의(公義)한 법입니다.
아론이 아사셀 염소의 머리에 안수한 사역은
장차 아론의 후손이자
여자의 몸에서 난 자 중에서 제일 큰 자인
세례 요한이
흠 없는 어린양으로 오신 예수님의 머리에
안수의 형식으로 베푼 세례를 계시합니다.

"요한이 말려 가로되
내가 당신에게 세례를 받아야 할 터인데
당신이 내게로 오시나이까
예수께서 대답하여 가라사대
이제 허락하라 우리가 이와 같이 하여
모든 의를 이루는 것이 합당하니라 하신대
이에 요한이 허락하는지라"(마 3:14-15).

예수님께서는 인류의 대표자인 세례 요한에게
안수(按手)의 형식으로 받으신 세례로
인류의 모든 죄를 당신의 몸에 짊어지셨습니다.

예수님께서는
십자가의 피만으로 임하시지 않았습니다.
예수님은 **"물(세례)과 피로 임하신"**(요일 5:6)
하나님의 아들입니다.

"이에 내가 말하기를 하나님이여 보시옵소서
두루마리 책에 나를 가리켜 기록한 것과 같이
하나님의 뜻을 행하러 왔나이다"(히 10:7).

예수님께서는 구약(두루마리 책)에 기록된 대로
하나님 아버지의 뜻을 이루어 드리려고
육신을 입고 흠 없는 제물로
인류의 역사 가운데 들어오셨습니다.

그리고 인류의 대표자인 세례 요한에게
안수(按手)의 형식으로 세례(洗禮)를 받으심으로
세상의 모든 죄를 당신의 몸에 담당하셨습니다.
주님은 인류의 모든 죄와 허물을 담당하신 채로
십자가에 못 박히셔서 피를 흘리신 후,
"다 이루었다"고 크게 외치시고 운명하셨습니다.

"이 뜻을 좇아 예수 그리스도의 몸을
단번에 드리심으로 말미암아
우리가 거룩함을 얻었노라"(히 10:10).

"물과 피로 임하신"(요일 5:6)
주님의 구원사역을 믿는 자는
결코 정죄함이 없습니다.
주님께서 하나님의 의를 완성하시려고 행하신

"의의 한 행동"(롬 5:18)을 믿기 때문입니다.

저는 성령과 물과 피의 증거가 **"합하여 하나"**인
"성경대로의 복음"(고전 15:3-4)을 믿어서
마음에 흰 눈같이 거룩함을 입었습니다.

하나님의 말씀을 경외하고
영생의 진리를 찾는 사람들은
종들의 마음밭에 감춰진 보화를 발견하고는
자기의 모든 소유를 팔아서 그 밭을 삽니다.

50 일간 성경통독 제7일 묵상
〈민 4~26 장, 시 13-14 편, 잠 7, 전 7〉

므리바의 물 사건에 대하여

"우리 형제들이 여호와 앞에서 죽을 때에
우리도 죽었더면 좋을 뻔 하였도다
너희가 어찌하여 여호와의 총회를
이 광야로 인도하여 올려서
우리와 우리 짐승으로 다 여기서 죽게 하느냐
너희가 어찌하여 우리를 애굽에서 나오게 하여
이 악한 곳으로 인도하였느냐
이곳에는 파종할 곳이 없고 무화과도 없고
포도도 없고 석류도 없고
마실 물도 없도다"(민 20:3-5).

신(Zin) 광야에 이른 백성은 물이 없으므로
모세와 아론을 공박했습니다.

믿음의 사람은 긍정의 눈으로 사물을 봅니다.
그래서 믿음의 사람은 모든 일에 "예"만 됩니다.

믿음의 사람은
"근심하는 자 같으나 항상 기뻐하고
가난한 자 같으나 많은 사람을 부요하게 하고
아무것도 없는 자 같으나
모든 것을 가진 자"(고후 6:10)입니다.

그러나 믿음이 없는 사람은
매사를 부정적으로만 봅니다.
그들은 "없고, 없으며 아무것도 없네" 하며
탄식과 불평을 입에 달고 삽니다.

불신앙의 사람은
자기에게 임한 은혜는 물에 새기고
자기에게 닥친 원망과 불평은 바위에 새깁니다.

하나님의 약속을 믿지 않았던 이스라엘 백성들은
불평과 원망을 입에 달고 살다가
결국 약속의 땅에 들어가지 못하고
광야에서 다 멸절(滅絶)되었습니다.

그런데 말입니다.
온유함이 지면에서 가장 승(勝)했던(민 12:3)
모세조차도 가나안 땅에 들어가지 못했습니다.

여호와 하나님께서는
모세에게 다음과 같이 명하셨습니다.
"지팡이를 가지고
네 형 아론과 함께 회중을 모으고
그들의 목전에서 너희는 반석에게 명하여
물을 내라 하라
네가 그 반석으로 물을 내게 하여
회중과 그들의 짐승에게 마시울찌니라"(민 20:8).

이제 모세는 지팡이를 잡고,
즉 하나님 말씀의 권세를 믿고
하나님께서 명하신 대로
대언(代言)하기만 하면 됐습니다.

그러나 모세는
"패역한 너희여 들으라 우리가 너희를 위하여

이 반석에서 물을 내랴" 하고는
손을 들어 그 지팡이로 반석을 두 번 쳤습니다.

물론 반석으로부터 많은 물이 솟아 나왔습니다.
그래서 백성들과 짐승들이 흡족하게 마셨습니다.
그러나 하나님은 모세에게 진노하셨고
모세는 가나안 땅에 들어가지 못했습니다.

생명의 물이 솟아 나왔던 그 반석은
예수 그리스도를 계시합니다.
"다 같은 신령한 음료를 마셨으니
이는 저희를 따르는
신령한 반석으로부터 마셨으매
그 반석은 곧 그리스도시라"(고전 10:4).
생명의 물, 구원의 복음은 주님께서 완성하셔서
전적으로 거저 주시는 것입니다.

주님께서 홀로 완성하신 구원의 역사에는
인간의 선한 행위나 공로가

조금이라도 더해질 필요가 없습니다.
모세는 하나님의 뜻을 잘 알았기에,
전에 시내산에서 율법을 받아 내려왔을 때에
사람들이 하나님의 영광을
자기에게 돌리는 악행을 저지르지 않게 하려고
자기 얼굴의 광채를 수건으로 가렸었습니다.

그랬던 모세가 이번에는 감정을 주체하지 못하고
"우리가 너희를 위하여 이 반석에서 물을 내랴"
하며 지팡이로 반석을 두 번 내리쳤습니다.

그것은 하나님의 영광을 찬탈한 악행(惡行)이며
하나님의 구원사역에 인간의 행위를 첨가하려는
마귀의 계략에 넘어간 큰 죄악입니다.
그 일로 모세는 하나님의 징계를 받고
약속의 땅에 들어가지 못했습니다.

하나님의 구원은
인간의 공로나 선행과는 전혀 상관이 없습니다.

예수님께서 홀로 완성하신 하나님의 의를
믿음으로 응답하는 이들에게 거저 주시는 은혜가
하나님의 구원입니다.
"죄 사함으로 말미암는 구원"(눅 1:77)은
예수님을 통해서 우리의 모든 죄를 없애놓으시고
진리의 복음으로 부르시는 하나님께서
믿는 자에게 거저 주시는 하나님의 선물입니다.

그러나 입술로는 은혜의 구원을 고백하면서
마음으로는 인간의 선한 행위와 공로를
첨가해서 하나님께 나아가려는 이들이
기독교 안에는 여전히 많습니다.
그런 자들은 약속의 땅에 들어가지 못합니다.

요셉이 죄수들의 꿈을 해석해 줄 때에,
떡 맡은 관원장이 꾼 꿈은,
자기가 흰 떡 세 광주리 위에
각종 구운 식물들을 topping 해서
바로에게 들고 나아갔다는 내용이었습니다.

떡 맡은 관원장은 결국 죽임을 당했습니다.

그는 자기의 선행이나 공로를 더하지 말고
포도 세 송이를 그대로 짜서
원액만을 들고 나갔던 술 맡은 관원장처럼,
"물과 피와 성령의 증거가
합하여 하나"(요일 5:8)인 진리의 복음을
순전한 믿음으로 받들고
왕이신 하나님께 나갔어야 했습니다.

"우리를 구원하시되
우리의 행한바 의로운 행위로 말미암지 아니하고
오직 그의 긍휼하심을 좇아 중생의 씻음과
성령의 새롭게 하심으로 하셨나니"(딛 3:5)
아멘!!!

50 일간 성경통독 제8일 묵상
〈민 27~신 12 장 시 15-16 잠 8, 전 8〉

열 하룻길이 40 년 광야 길이 되다

"호렙산에서 세일산을 지나 가데스 바네아에까지
열 하룻길이었더라
제 사십 년 십일월 그 달 초일일에
모세가 이스라엘 자손에게
여호와께서 그들을 위하여
자기에게 주신 명령을 다 고하였으니"(신 1:2-3).

이스라엘 백성의 광야 노정(路程)에서
가장 뼈아픈 사건은
"가나안 정탐꾼의 불신앙 사건"입니다.

모세는 하나님께서 약속하신 가나안 땅을
미리 정탐해 보자는 제안을 좋게 여겼습니다.
그래서 각 지파에서 두령 12 명을 뽑아
약속의 땅 가나안에 정탐꾼으로 보냈습니다.

그런데 40 일간의 정탐을 마치고 돌아온
열두 두령 중에서 두 명을 제외한 10 명은
크게 울부짖으며 그 땅을 악평했습니다.

"이스라엘 자손 앞에서
그 탐지한 땅을 악평하여 가로되
우리가 두루 다니며 탐지한 땅은
그 거민을 삼키는 땅이요
거기서 본 모든 백성은 신장이 장대한 자들이며
거기서 또 네피림 후손
아낙 자손 대장부들을 보았나니
우리는 스스로 보기에도 메뚜기 같으니
그들의 보기에도 그와 같았을 것이니라"
(민 13:32-33).

하나님께서 아브라함과 이삭과 야곱에게
"내가 너희 후손에게 가나안 땅을 주겠다"고 약속하셨으니,
이스라엘 백성들은 하나님의 약속을 믿고
담대하게 그 땅을 취하기만 하면 되었습니다.

그런데 그들은 하나님의 말씀을 믿지 않았습니다.
그 결과, 그들이 가나안을 정탐한 기간 40 일의
하루를 1 년으로 환산해서, 이스라엘 백성은
40 년 동안 광야에서 방황하게 되었습니다.

이스라엘 백성들은 그들의 불신앙으로 인해서
젖과 꿀이 흐르는 복지(福地)에 들어가지 못했고
하나님께서 예비하신 안식을 얻지 못했습니다.
하나님의 말씀을 믿음으로 행했더라면
가나안 땅은 열 하룻길이면
넉넉히 들어갔을 축복과 안식의 땅이었습니다.
그러나 이스라엘 백성들은 믿음이 없었기 때문에
40 년 동안을 광야에서 고생하며 헤매고도
한 명도 들어가지 못했습니다.

이 사건은 지금의 기독교인들이
귀담아들어야 할 뼈아픈 교훈입니다.
오늘날 예수님을 믿는 이들 중에는
참된 안식에 들어가지 못한 이들이 많습니다.

"믿음으로 좇아 하지 아니하는
모든 것이 죄"(롬 14:23)입니다.

주님께서는 **"수고하고 무거운 짐 진 자들아**
다 내게로 오라 내가 너희를 쉬게 하리라"라고
말씀하셨습니다.
사람에게 가장 무섭고도 무거운 짐은
죄의 짐입니다.
우리는 마음에 흰 눈같이 죄 사함을 받아야만
참된 평안과 안식을 누립니다.
마음에 죄짐이 남아 있다면,
주님께서 주시는 안식(安息)을 누릴 수 없습니다.

"죄의 삯은 사망"(롬 6:23)이기 때문에
죄가 있는 사람은 지옥의 형벌을 두려워합니다.
따라서 마음에 죄가 있는 죄인(罪人)은
결코 참된 안식을 누릴 수가 없습니다.

"물과 피로 임하신"(요일 5:6) 예수님께서는

우리의 모든 죄와 허물을
흰 눈같이 씻어 주셨건만,
믿지 아니하는 악심을 품는 사람들은
칭의론을 좇아 기독죄인(基督罪人)을 자처하면서
하나님께서 진리의 복음 안에서 거저 주시는
영원하고 완전한 안식을 누리지 못합니다.

"그러므로 우리는 두려워할지니
그의 안식에 들어갈 약속이 남아 있을지라도
너희 중에 혹 미치지 못할 자가 있을까 함이라
저희와 같이 우리도 복음 전함을 받은 자이나
그러나 그 들은바 말씀이
저희에게 유익되지 못한 것은
듣는 자가 믿음을 화합지 아니함이라
이미 믿는 우리들은 저 안식에 들어가는도다
그 말씀하신 바와 같으니
내가 노하여 맹세한 바와 같이
저희가 내 안식에 들어오지 못하리라
하셨다 하였으나
세상을 창조할 때부터

그 일이 이루었느니라"(히 4:1-3).

"물과 피와 성령이 합하여 하나"(요일 5:8)인
성경대로의 복음을 믿는 우리들은
하나님께서 아들을 통해서 예비하신
영원한 천국의 안식에 이미 들어와 있습니다.

**"이미 믿는 우리들은 저 안식에 들어가는도다"
(히 4:3).**
할렐루야!!!

50 일간 성경통독 제9일 묵상
〈신 13~34 장 시 17-18 잠 9, 전 9〉

에발 산에 쌓은 단의 계시(啓示)

"너희가 요단을 건너거든
내가 오늘날 너희에게 명하는 이 돌들을
에발산에 세우고 그 위에 석회를 바를 것이며
또 거기서 네 하나님 여호와를 위하여
단 곧 돌단을 쌓되
그것에 철기를 대지 말찌니라
너는 다듬지 않은 돌로
네 하나님 여호와의 단을 쌓고
그 위에 네 하나님 여호와께 번제를 드릴 것이며
또 화목제를 드리고 거기서 먹으며
네 하나님 여호와 앞에서
즐거워하라"(신 27:4-7).

예수님께서 야곱의 우물가에 찾아가셔서
목마른 사마리아 여인을 만나 주셨습니다.

예수님께서 그 여인의 과거사를 다 맞추시자,
그 여인은 예수님을 참 선지자로 여겼습니다.
그러자 그녀는 오랫동안 품고 있었던 질문,
즉 "참된 예배의 처소는 어느 곳인가"에 대해서
예수님께 여쭈었습니다.

예수님은 **"여자여 내 말을 믿으라
이 산에서도 말고 예루살렘에서도 말고
너희가 아버지께 예배할 때가 이르리라"** 하시고,
**"하나님은 영이시니 예배하는 자가
신령과 진정으로 예배할찌니라"**(요 4:24)고
말씀하셨습니다.

사마리아 여자가
"우리 조상들은 이 산에서 예배하였는데"라고
언급한 **"이 산"**은 에발(Ebal) 산입니다.

하나님께서는 모세에게,
이스라엘 백성이 약속의 땅에 들어가거든

그리심 산(Mt. Gerizim)과 에발 산(Mt. Ebal)
앞에 백성들을 각각 여섯 지파씩 나누어 세우고
율법을 선포한 후에,
그리심 산에 선 자들에게는 축복을 선포하고
에발 산에 선 자들에게는 저주를 선포하라고
명하셨습니다.

또 하나님께서는
"율법의 모든 계명들을 다 지켜 행하면"
그들에게 복을 내리고,
만일 "율법을 다 지켜 행하지 않으면"
모든 저주가 그들에게 내린다고 선포하셨습니다.

모세의 후계자인 여호수아는 백성을 이끌고
하나님께서 완전히 말리신 요단강을 건너
가나안 땅에 들어갔습니다.
그리고 모세가 명한 하나님의 말씀을 좇아
백성들을 에발산과 그리심산에 나누어 세우고
그들에게 율법을 읽어 준 후에

각각 축복과 저주를 선포했습니다.

그리고 저주를 선포한 에발 산에
여호수아는 다듬지 않은 돌로 한 번제단을 쌓고
여호와께 번제와 화목제를 드렸습니다
(수 8:30-31).

하나님의 율법을 하나도 어기지 않고
지켜 행한다면 축복입니다.
그런데 사람이 율법을 온전히 지킬 수 있습니까?
결코 그럴 수 없습니다.
**"만일 능히 살게 하는 율법을 주셨더면
의가 반드시 율법으로 말미암았으리라"**(갈 3:21).

그러므로 심령이 정직한 사람은 율법 앞에서
"저는 저주를 받을 자입니다"라고 고백합니다.
심령이 정직하고 가난한 자들은 그리심산을 떠나
에발산의 번제단(燔祭壇)으로 나아가서
"죄 사함을 말미암는 구원"(눅 1:77)을 받습니다.

그런데 대부분의 기독교인들은 당당하게
그리심산(Mt Gerizim)에 서 있습니다.
"저는 율법을 다 지켜 행할 수 있습니다" 하고
그들은 용감무쌍하게 외치고 있습니다.
그런 자기 의의 부자들은
"죄 사함으로 말미암는 구원"(눅 1:77)을
결코 받을 수 없습니다.

청년 사울은 철저한 율법주의자였습니다.
"율법으로는 흠이 없는 자로라"라고 호언하며
사울은 자칭 의인이라는 자부심이 대단했습니다.

그런데 그가 율법이 요구하는 거룩함의 수준이
얼마나 절대적(絶對的)인지를 깨달은 후에는,
**"전에 법을 깨닫지 못할 때에는 내가 살았더니
계명이 이르매 죄는 살아나고 나는 죽었도다"**(롬 7:9) 하고 탄식했습니다.
그는 진정으로 거룩하게 살기를 원했지만,
자기 육체 안에는 다른 한 법이 있어서

자기를 늘 죄 아래로 끌고 간다고 고백했습니다.
그래서 그는 **"오호라 나는 곤고한 사람이로다 이 사망의 몸에서 누가 나를 건져 내랴"**(롬 7:24) 하고 탄식하게 되었습니다.

하나님의 율법 앞에서 심령이 정직한 자라야
자기의 악한 근본 모습을 보고 탄식하며
에발(Ebal) 산의 번제단으로 나아갑니다.

아직 거듭나지 못한 기독죄인(基督罪人)들은
그리심 산(Mt Gerizim)을 속히 떠나야 합니다.
그리고 대속의 희생제물이 드려졌던
에발 산으로 올라가서 믿음으로
의의 번제단을 붙들어야 합니다.

"나는 저주받고 심판을 받아야 마땅한 자입니다"
하고 하나님 앞에 자백하고
돌 단에서 드렸던 속죄의 제사가 계시하는 대로
"한 영원한 제사"를 드려 주신 예수님을

"물과 피의 복음"으로 만나야 합니다.

대부분의 기독교인들은
믿음으로 된 것이 전혀 없으면서도
"구원받았다, 거룩해졌다 치고" 얼버무린 후에
기쁨이 충만해서 신앙생활을 합니다.

그들은 "거듭났다고 치고,"
"구원을 받았다고 치고,"
"성령님을 받았다고 치고,"
"하나님의 자녀가 됐다고 치고,"
지극한 정성과 헌신과 열심으로 예배를 드리면서
자기들이 신앙생활을 가장 잘하는 줄로
착각하고 있습니다.

그러나 마음에 죄가 있는 기독죄인들은
아직 신앙의 첫 단추도 끼우지 못한 이들입니다.

에발 산의 번제단에 나아가

"흰 눈같이" 죄 사함을 받은 자들만이
거듭난 의인이요, 하나님의 자녀요,
성령을 선물로 받은 **"왕 같은 제사장들"**입니다.

죄 사함을 받고 거듭난 이들만
"성령 안에서 그리고 진리 안에서"
아버지께 예배드릴 수 있습니다.
(Worship the Father in Spirit and in Truth. JKV)

우리를 진리의 복음으로 거듭나게 하셔서
신령과 진정으로 당신을 찬양하며
예배를 드릴 수 있게 하신 하나님을 찬양합니다.
할렐루야!

50 일간 성경통독 제10일 묵상
〈수 1~20 장, 시 19-20 잠 10, 전 10〉

전 인류의 죄악의 강수를 완전히 말리신 예수님

“궤를 멘 자들이 요단에 이르며
궤를 멘 제사장들의 발이 물가에 잠기자
곧 위에서부터 흘러 내리던 물이 그쳐서
심히 멀리 사르단에 가까운
아담 읍 변방에 일어나 쌓이고
아라바의 바다 염해로 향하여 흘러가는 물은
온전히 끊어지매
백성이 여리고 앞으로 바로 건널쌔
여호와의 언약궤를 멘 제사장들은
요단 가운데 마른 땅에 굳게 섰고
온 이스라엘 백성은 마른 땅으로 행하여
요단을 건너니라”(수 3:15-17).

언약궤를 멘 제사장들은 여호수아의 명을 좇아
하나님의 약속의 말씀을 믿고서

흘러넘치던 요단의 강물을 담대하게 밟았습니다.
그러자 강둑까지 가득 채우며
"급히 흐르던" 요단(Jordan, 급히 흐름) 강물은
강의 상류(上流)인 저 멀리 아담읍 변방에서부터
강의 종점인 사해(死海)까지 완전히 말랐습니다.

이는 아담에서 시작되어 세상 종말까지 흐르는
죄악의 강수(江水)가
요단강 복판에 오셔서 세례를 받으신 주님께로
단번에 흘러들어 가서 말라버리게 하신
구원의 역사를 정확히 계시합니다.

언약궤는 육신을 입고 오신 성자(聖子) 하나님,
즉 그리스도 예수님을 계시합니다.
거룩하고 영원하신 성자(聖子) 하나님께서
왜 육신으로 이 땅에 오셨습니까?

그것은 당신이 인류의 대표자인 세례 요한에게
안수(按手)의 형식으로 세례를 받으심으로

세상의 모든 죄와 허물을
당신의 육체에 온전히 담당하기 위함이었습니다.

안수(按手)는 희생제물에게 죄를 넘기는
하나님의 공의(公義)한 법입니다.
**"이제 허락하라 우리가 이와 같이 하여
모든 의를 이루는 것이 합당하니라"**(마 3:15).
이는 예수님께서 세례 요한에게
세례를 베풀라고 청하시면서 하신 말씀입니다.

인류의 대표자이자 대제사장 아론의 후손인
세례 요한의 안수(按手)로 인하여
아담에서부터 세상 종말까지 인류의 모든 죄가
단번에 예수님에게로 넘어갔습니다.
그래서 이 세상에는 **"모든 의"**가 이루어졌습니다.

"그 세례"(행 10:37)로
예수님은 **"세상 죄를 지고 가는
하나님의 어린양"**(요 1:29)이 되셨습니다.

요단강 복판에 섰던 언약궤로 인해서
아담읍 변방에서부터 사해(死海)까지 흐르던
죽음의 강수(江水)가 단번에 완전히 말랐습니다.
그 역사로 이스라엘 백성들은 마른 땅을 건너서
약속의 땅에 평안히 들어갔습니다.

이제 누구든지
예수님께서 세례 요한에게 받으신 세례와
십자가의 보혈의 능력을 믿으면
주님께서 첫 사람 아담에서부터 세상 종말까지의
모든 죄를 도말(塗抹)한 능력의 복음으로
마음에 할례를 받고 죄와 상관없는 자가 됩니다.
사망에서 생명으로 옮겨집니다.

백성들이 한 명도 빠짐없이
마른 땅을 밟고서 죽음의 요단을 건넜습니다.
여호수아는 이스라엘 열두 지파에서
지파마다 한 사람씩을 불러서
말라버린 요단강 바닥에서

각각 돌 하나씩, 열두 돌을 취했습니다.
그리고 그 돌들을 약속의 땅에 들어가서
처음 유숙한 곳에 쌓았습니다.
또 언약궤를 멘 제사장들이 섰던 강 복판에도
지파 별로 하나씩 열두 개의 돌을 쌓았습니다.

요단강 물을 완전히 말리셨던 하나님의 역사는
그렇게 두 곳에 분명한 증거로 남아 있습니다.

첫 유숙지 길갈에 쌓아 놓은 돌무더기처럼,
"물과 피로 임하신"(요일 5:6) 예수님께서
인류의 모든 죄를 없애 놓으셨다는 사실이
성경 말씀에 명백하게 기록되어 있습니다.

또한 다시 강물이 덮어서 보이지는 않았지만
요단강 복판에 분명이 쌓여 있는 돌무더기처럼,
우리의 모든 죄와 허물을 도말(塗抹)하신
하나님의 역사는
죄 사함을 받은 우리의 마음 안에도

불멸의 증거로 쌓여 있습니다.

“증거하는 이가 셋이니 성령과 물과 피라
또한 이 셋이 합하여 하나이니라
만일 우리가 사람들의 증거를 받을찐대
하나님의 증거는 더욱 크도다
하나님의 증거는 이것이니
그 아들에 관하여 증거하신 것이니라”
(요일 5:8-9).

아멘!!

50 일간 성경통독 제11일 묵상
<수 21~삿 16장, 시 21-22 잠 11, 전 11>

양털 한 뭉치에만 흠뻑 내린 이슬

“기드온이 하나님께 여짜오되
주께서 이미 말씀하심 같이
내 손으로 이스라엘을 구원하려 하시거든
보소서 내가 양털 한 뭉치를 타작마당에 두리니
이슬이 양털에만 있고 사면 땅은 마르면
주께서 이미 말씀하심 같이
내 손으로 이스라엘을 구원하실줄
내가 알겠나이다 하였더니 그대로 된지라
이튿날 기드온이 일찌기 일어나서 양털을 취하여
이슬을 짜니 물이 그릇에 가득하더라”
(삿 6:36-38).

하나님께서는 기드온에게 베푸신 이적(異蹟)으로
“옛적에 선지자들로
여러 부분과 여러 모양으로

우리 조상들에게 말씀하신 하나님이"(히 1:1)
진리의 복음을 다시 한번 증거하셨습니다.

기드온은 본시 겁쟁이였습니다.
그는 자기들을 지배하던 미디안 족속이 두려워서
포도주 틀에 숨어서 이삭을 털던 자입니다.
하나님께서 그런 겁쟁이 기드온에게
"큰 용사여 여호와께서 너와 함께 계시도다"
하시며 그를 부르셨습니다.
그리고 그를 세워서
이스라엘을 구원하시겠다고 약속하셨습니다.

기드온은 약속하신 말씀의 증거를 보여달라고
하나님께 간청했습니다.
"보소서 내가 양털 한 뭉치를 타작마당에 두리니
이슬이 양털에만 있고 사면 땅은 마르면
주께서 이미 말씀하심 같이
내 손으로 이스라엘을 구원하실 줄

내가 알겠나이다"(삿 6:37).

기드온은 기이한 현상을 요청했던 것입니다.
그것은 자연에서는 불가능한 일이었습니다.
이슬이란, 낮 동안에 뜨거워졌던 공기가
해가 지면서 갑자기 차가워진 지표면과 만나면,
노점(露點)을 초과하는 포화수증기가 뭉쳐서
물방울을 이루는 현상입니다.

따라서 밤이 되어서 급히 차가워진 맨땅 등에
이슬이 내리는 것은 자연스러운 현상입니다만,
쉬 차가워지지 않는 양털 뭉치 위에는
이슬이 잘 내리지 않는 법입니다.

따라서 "사면의 땅은 마르고
양털 한 뭉치에만 이슬이 내리게 해달라"라는
기드온의 요청은 놀라운 이적을 보여달라고
하나님께 간청한 것이었습니다.

다음 날 아침에 기드온은
그 양털 뭉치를 취해서 물을 짜 보았습니다.
대접에 가득히 물이 차올랐습니다.
겁쟁이 기도온은 마음에 큰 힘을 얻었습니다.

그렇지만 기드온의 마음 한편에는
"혹시 우연은 아닐까" 하는 의구심이 들었습니다.
"하나님, 한 번만 더 증거를 보여 주십시오.
이번에는 양털 뭉치에는 이슬이 없게 하고
온 지면에만 이슬이 있게 해 주십시오."
기드온은 그렇게 간구하고
또 하룻밤을 지냈습니다.

기드온이 다음 날 아침에 나가 보았더니
온 지면에는 이슬이 축축하게 내렸지만,
양털 뭉치는 보송보송했습니다.
이에 기드온은 큰 확신과 용기를 얻고 일어나
미디안 족속을 쳐부수고 큰 승리를 거두었습니다.

기드온이 하나님께 요청했던
이 두 가지 현상의 영적 의미는 무엇일까요?

“양털 뭉치”는 어린양으로 오신 예수님을,
“온 땅”은 흙으로 빚어진 우리 자신을,
“이슬”은 하나님의 심판을 의미합니다.

자연 현상대로라면
당연히 온 땅 위에 내렸어야 할 이슬이
양털 한 뭉치 위에만 온전히 내렸습니다.

이 이적(異蹟)은,
흙으로 빚어진 우리 모두가 허물과 죄로 인하여
예외 없이 심판을 받아야 마땅한 존재들인데,
그 모든 심판을 주님께서 홀로 다 받아 주셨다는
대속(代贖)의 복음을 계시합니다.

우리가 받아야 할 모든 심판을 어떻게

양털 한 뭉치로 오신 예수님께서
홀로 받으셨습니까?

하나님 아버지께서는
당신의 외아들인 예수 그리스도를
우리와 같은 육신으로 이 땅에 보내셨습니다.
흠 없는 어린양으로 오신 예수님께서는
인류의 대표자인 세례 요한에게
안수(按手)의 형식으로 세례를 받으심으로
세상의 모든 죄를 온전히 담당하셨습니다.

"그 세례"(행 10:37)로
"세상 죄를 지고 가는 하나님의 어린양"이 되신
예수님은 십자가에 못 박히셔서
"다 이루었다" 하기까지 피 흘려 돌아가심으로
인류의 죄에 대한 모든 심판을 대신 받으시고
우리 인류를 죄에서 온전히 구원해 주셨습니다.

하나님은 우리를 이처럼 사랑하시기에
인류의 모든 죄를 당신의 아들에게 넘기시고
그 아들을 대신 심판하심으로
우리에게는 우리의 죄과대로 갚지 않으셨습니다.

"우리의 죄를 따라 처치하지 아니하시며
우리의 죄악을 따라 갚지 아니하셨으니
이는 하늘이 땅에서 높음 같이
그를 경외하는 자에게 그 인자하심이 크심이로다
동이 서에서 먼 것 같이
우리 죄과를 우리에게서 멀리 옮기셨으며
아비가 자식을 불쌍히 여김 같이
여호와께서 자기를 경외하는 자를
불쌍히 여기시나니
이는 저가 우리의 체질을 아시며
우리가 진토임을 기억하심이로다"
(시 103:10-14).

하나님께서는 우리가 진토(塵土)와 같이
연약하고 무익하고 더러운 존재인 줄 아셨기에,
당신의 외아들을 육신(肉身)으로 보내셨습니다.
육체로 임하신 성자(聖子) 예수님께서는
세례 요한에게 안수의 형식으로 받으신 세례로
인류의 죄를 온전히 담당하셨습니다.

마치 대속죄일(大贖罪日)에
대제사장 아론의 안수를 받은 아사셀 염소가
이스라엘 백성의 1년 치 죄를 짊어지고
멀리 광야에 버려져 죽었듯이,
하나님께서는 예수님에게 세상 죄를 넘기셔서
"동이 서에서 먼 것같이
우리 죄과를 우리에게서 멀리 옮기"셨습니다.

하나님의 은혜로 죄 사함을 받은 의인들은
진리의 복음을 믿음으로 인하여
세상을 넉넉히 이깁니다.

기드온은 겁쟁이였고 나약한 자였습니다.
그러나 그는 믿음으로 거듭난 의인이었습니다.
그는 엄청난 적군 앞에서 두려움이 엄습하자,
다시 한번 구원의 복음을 확인함으로써
용기를 얻어서 큰 승리를 거뒀습니다.

"물과 피의 복음"(요일 5:6)을 믿는 의인들은
"나는 죄가 없다"라는 고백으로 끝나지 않습니다.
진리의 복음으로 죄 사함을 받은 의인들은
"나는 하나님의 자녀이고 그의 용사다"라는
신분을 확신하기 때문에 모든 일에 담대합니다.

진리의 복음을 믿어서 거듭나야 세상을 이깁니다.
"대저 하나님께로서 난 자마다
세상을 이기느니라
세상을 이긴 이김은 이것이니 우리의 믿음이니라
예수께서 하나님의 아들이심을 믿는 자가 아니면
세상을 이기는 자가 누구뇨"(요일 5:4-5).

당신은 예수님께서 세례 요한에게 받으신
세례의 능력을 믿습니까?
"그 세례"(행 10:37)로 우리의 모든 죄가
단번에 예수님께로 넘어갔습니다.
진리의 원형복음(原形福音)을 믿는 자에게는,
**"그러므로 이제 그리스도 예수 안에 있는
자에게는 결코 정죄함이 없나니"**(로마서 8:1)
라는 말씀이 온전히 이루어졌습니다.

양털 한 뭉치에만 내린 이슬의 복음!
예수님의 세례와 십자가의 보혈로 이루어진
성경대로의 복음을 믿는 자는
의인으로 거듭나서 하나님의 자녀가 됩니다.
그리고 **"내가 세상을 이기었노라"**(요 16:33)고
선포하신 주님과 함께 세상을 이깁니다.
의인들은 세상의 모든 유혹과 거짓말을 이깁니다.
할렐루야!

50 일간 성경통독 제12일 묵상
< 삿 17장, 룻기, 삼상 11장, 시 23-24, 잠 12, 전 12>

교회의 인도에 순종하는 성도의 축복

"나로 어머니를 떠나며 어머니를 따르지 말고
돌아가라 강권하지 마옵소서
어머니께서 가시는 곳에 나도 가고
어머니께서 유숙하시는 곳에서
나도 유숙하겠나이다
어머니의 백성이 나의 백성이 되고
어머니의 하나님이 나의 하나님이 되시리니
어머니께서 죽으시는 곳에서 나도 죽어
거기 장사될 것이라
만일 내가 죽는 일 외에 어머니와 떠나면
여호와께서 내게 벌을 내리시고
더 내리시기를 원하나이다"(룻 1:16-17).

엘리멜렉과 그의 아내 나오미는 가뭄을 피해서 두 아들과 함께 모압 땅으로 이거(移居)했습니다.

그 가족이 모압 땅에 우거하던 중에
나오미는 남편과 두 아들을 다 잃었습니다.
그녀는 고향에 풍년이 왔다는 소식을 들었습니다.
홀로된 나오미는 본토로 돌아가기로 작정하고서,
모압 족속의 두 며느리에게는
그들의 동족(同族)에게 돌아가라고 강권했습니다.

두 며느리는 소리를 높여 울더니,
오르바는 그 시어미에게 입 맞추고 떠나갔으나,
룻은 나오미를 붙좇았습니다.
나오미는 며느리 룻에게
"보라 네 동서는 그 백성과 그 신에게로
돌아갔으니 너도 동서를 따라 돌아가라"라고
다시 권면했습니다.

룻은 그렇게 강권(强勸)하는 시어미 나오미에게
단호하게 자기의 결심을 토로했습니다.
"만일 내가 죽는 일 외에 어머니와 떠나면

여호와께서 내게 벌을 내리시고
더 내리시기를 원하나이다"(룻 1:17).

참으로 아름다운 연합과 순종의 고백입니다.
나오미와 룻의 아름다운 관계는
교회와 성도의 온전한 관계를 보여 줍니다.
거듭난 성도는 하나님의 교회와
한 몸을 이루어서 결코 나뉠 수 없습니다.

진리의 말씀대로 지어진 "하나님의 교회"는
"그리스도 예수 안에서 거룩하여지고
성도(聖徒)라 부르심을 입은 자들"(고전 1:2)의
모임입니다.
따라서 기독죄인(基督罪人)들의 모임은
"하나님의 교회"라고 부를 수 없습니다.

하나님의 교회는 죄 사함을 받고
성령을 선물로 받은 의인들의 모임이기에,

그 안에는 당(黨) 짓는 일이나
싸움과 분쟁이 있을 수 없습니다.
하나님의 교회는 성령님의 인도를 따라
하나님의 선한 뜻만을 좇기 때문에
성도들도 자원함과 기쁨으로
교회가 추구하는 선한 일에 동참하고 연합합니다.

교회의 머리는 예수 그리스도입니다.
"그에게서 온 몸이 각 마디를 통하여
도움을 입음으로 연락하고 상합하여
각 지체의 분량대로 역사하여
그 몸을 자라게 하며
사랑 안에서 스스로 세우느니라"(엡 4:16).
그래서 성도들은 그리스도의 장성한 분량이
충만한 데까지 자라납니다.

하나님의 교회 안에는
성령께서 두루 운행하며 다스리시기 때문에

교회의 지체들은 **"진리의 사랑"**(살후 2:10)으로
서로를 사랑하고 보양함으로써
생육하고 번성하는 역사를 이어 갑니다.

나오미의 인도를 받은 룻은
자기의 생각을 부인하고 자기의 근족(近族)인
보아즈의 담요 속으로 들어갔습니다.
그렇게 유력한 인물인 보아즈의 아내가 된
모압 여인 룻은 다윗의 할아버지인 오벳을 낳고
영광스러운 다윗 왕의 족보에
즉, 그리스도의 족보에 들어가게 되었습니다.

지금도 비록 적은 무리이고 눈에 띄지는 않지만,
그리스도 예수 안에서 거룩해진 성도(聖徒)들,
즉 의인(義人)들의 모임이 있습니다.
그러한 하나님의 교회의 일원이 된다는 것은
엄청난 영광이며 축복입니다.

진리의 복음을 믿음으로 거듭나서
하나님의 교회의 지체가 된 의인들은
하나님의 교회와 연합함으로 축복을 받았던
이방 여인 룻의 믿음을 본받고 살아갑니다.

"어머니께서 죽으시는 곳에서 나도 죽어
거기 장사될 것이라
만일 내가 죽는 일 외에 어머니와 떠나면
여호와께서 내게 벌을 내리시고
더 내리시기를 원하나이다"(룻 1:17).
아멘!

50 일간 성경통독 제13일 묵상
〈삼상 12-31장, 시 25-27, 잠 13〉 중에서

사울 왕을 반면교사(反面教師)로 삼자

"사울이 사무엘의 정한 기한대로
이레를 기다리되 사무엘이 길갈로 오지 아니하매
백성이 사울에게서 흩어지는지라
사울이 가로되
번제와 화목제물을 이리로 가져오라
하여 번제를 드렸더니"(삼상 13:8-9).

기스의 아들 사울은
육신의 욕망을 좇는 사람들의 전형(典型)입니다.
진리의 말씀으로 거듭나지 못한 사람은
자기 육신의 욕망을 좇을 수밖에 없습니다.

사울은 우리 믿음의 반면교사(反面教師)입니다.
"가인같이 하지 말라"(요일 3:12)는 말씀처럼,

우리는 사울 왕같이도 하지 말아야 합니다.

육신적으로 보면 사울은 탁월한 자였습니다.
사울은 키가 다른 이들보다 어깨 위나 더 컸고
용모도 빼어나게 준수했습니다.
게다가 사무엘이 그를 찾아왔을 때에
"행구 사이에 숨는"(삼상 10:22)
거짓 겸손을 부릴 줄도 알았으니
사울은 백성들에게 인기가 좋았습니다.

사울은 하나님의 능력이 아니라
자기의 의를 내세우는 자(삼상 14:24)였습니다.
그런 자는 상황과 형편의 지배를 받습니다.
"사울이 사무엘의 정한 기한대로
이레를 기다리되
사무엘이 길갈로 오지 아니하매
백성이 사울에게서 흩어지는지라
사울이 가로되

번제와 화목제물을 이리로 가져오라 하여
번제를 드렸더니"(삼상 13:8-9).

상황과 형편의 지배를 받는 육신적인 사람은
하나님의 말씀을 순종할 수 없습니다.

"육신을 좇는 자는 육신의 일을,
영을 좇는 자는 영의 일을 생각하나니
육신의 생각은 사망이요
영의 생각은 생명과 평안이니라
육신의 생각은 하나님과 원수가 되나니
이는 하나님의 법에 굴복치 아니할뿐 아니라
할 수도 없음이라
육신에 있는 자들은
하나님을 기쁘시게 할 수 없느니라"(롬 8:5-8).

이 시대에도 진리의 말씀은 분명하지만
대부분의 기독교인들은

진리의 원형복음을 듣고서 “옳다” 수긍하면서도
이 세상의 대세를 살피며 거짓을 좇아갑니다.
“풍세를 살펴보는 자는 파종하지 아니할 것이요
구름을 바라보는 자는 거두지 아니하리라”
(전 11:4).

육신에 속한 자들,
즉 거듭나지 못한 기독죄인(基督罪人)들은
하나님께 영광을 돌리는 척하지만
결국 자기를 높이고자 안달하는 자들입니다.

사울도 버림을 받게 되자
사무엘을 붙들고 간청했습니다.
“사울이 가로되 내가 범죄하였을찌라도
청하옵나니 내 백성의 장로들의 앞과
이스라엘의 앞에서 나를 높이사
나와 함께 돌아가서
나로 당신의 하나님 여호와께

경배하게 하소서”(삼상 15:30).

거듭나지 못해서 육신에 속해 있는 자들은
사울처럼 감정의 기복이 심합니다(삼상 26:21).
그리고 시기심으로 뒤끝이 작열(灼熱)합니다.
사울은 다윗을 시기하다가 끝내 미쳤습니다.
악신이 들어서 스스로를 제어할 수 없었습니다.
그래서 자기의 사위인 다윗이 악기를 타게 하고
그에게 창을 던져서 죽이려고 했습니다.

“여인들이 뛰놀며 창화하여 가로되
사울의 죽인 자는 천천이요
다윗은 만만이로다 한지라
사울이 이 말에 불쾌하여 심히 노하여 가로되
다윗에게는 만만을 돌리고 내게는 천천만 돌리니
그의 더 얻을 것이 나라 밖에 무엇이냐 하고
그 날 후로 사울이 다윗을 주목하였더라
그 이튿날 하나님의 부리신 악신이

사울에게 힘있게 내리매"(삼상 18:7-10).

가인처럼 하지 말라 하신 하나님께서
사울처럼 하지 말라고도 말씀하십니다.

아직 거듭나지 못한 기독죄인(基督罪人)들은
먼저 "물과 피의 복음"으로 거듭나야 합니다.
그래야만 나발 같은 옛사람에게서 놓여나서,
영을 좇는 아비가일처럼,
주님의 아름다운 신부가 됩니다.
아멘!

50 일간 성경통독 제14일 묵상
〈 삼하 1-24 장, 시 28, 잠 14 〉

므비보셋을 기억하라

"다윗이 가로되
사울의 집에 오히려 남은 사람이 있느냐
내가 요나단을 인하여
그 사람에게 은총을 베풀리라 하니라"(삼하 9:1).

사울 왕의 아들 요나단은 용사(勇士)였습니다.
블레셋과의 전쟁이 교착 상태에 빠져 있을 때에
그는 자기의 병기(兵器) 드는 자와 단둘이서
바위 산 위에 있던 블레셋 진영으로 쳐올라가서
큰 승리를 거두었습니다.

요나단은 다윗이 하나님의 종인 줄을 알아보고
그와 생명의 결약(結約)을 맺었습니다.
요나단은 자기 아버지 사울의 살의(殺意)를

다윗에게 전해서 그를 구해 주었습니다.

그 후에 요나단은 길보아 산에서
아버지 사울과 함께 장렬히 전사하였고
사울의 집은 쑥대밭이 되었습니다.

사울의 뒤를 이어 왕위에 오른 다윗은
요나단이 자기에게 베풀었던 은혜를 기억하고
그의 후손을 찾았습니다.
요나단의 아들 므비보셋이 생존해 있었습니다.
므비보셋은 두 발이 다 절뚝발이였습니다.
전란 중에 유모가 그를 안고 급히 피하다가
문지방에 떨어뜨려서 그는 불구가 되었습니다.

다윗이 전에 여차한 일이 있어서
예루살렘 거민 여부스 족속을 치려 할 때에
여부스 사람들이 다윗을 업신여기며
“소경과 절뚝발이라도 너를 물리치리라”

하고 다윗을 조롱한 일로,
"소경과 절뚝발이는 집에 들어오지 못하리라"는
속담이 이스라엘 가운데 있었습니다.

"소경과 절뚝발이는
집에 들어 오지 못하리라"(삼하 5:8)는 말씀대로
본래 죄악으로 눈이 먼 영적 소경들과
죄로 인해서 절뚝발이처럼 온전치 못한 자들은
하나님의 나라에 들어갈 수 없었습니다.

그런데 말입니다.
두 발이 다 절뚝발이인 므비보셋은
"요나단을 인하여"(삼하 9:1, 7)
다윗에게 큰 은혜를 입었습니다.
그는 아버지 요나단의 재산을 모두 회복했습니다.
또한 그는 다윗의 아들들 중의 하나로 여겨져서
다윗의 상에서 왕자들과 함께 먹었습니다.

우리는 모두 므비보셋과 같은 불구자들입니다.
므비보셋처럼 두 발이 다 절뚝발이여서
우리의 생각이나 행동이 다 온전치 못합니다.
그런 우리가 오직 예수님의 은총을 입어서
죄 사함을 얻고 양자(養子)의 영(靈)을 받았기에
하나님 아버지의 상에서 먹게 되었습니다.

우리는 본래 말이나 생각이나 행동에
아무것도 온전한 부분이 없는
영적인 절뚝발이들이었습니다.
그런데 하나님께서 "예수님으로 인하여"
하나님의 자녀의 영광을 입혀 주셨고
주님의 교회 안에서 왕의 상에 앉게 되었습니다.
할렐루야!

그런데 말입니다.
후일에 다윗이 장자 압살롬의 모반으로
일부 신복들과 함께 급히 피신을 하게 되었는데,

므비보셋은 다윗을 따라가지 않았습니다.
심지어 다윗을 배반하고 자기 아비의 왕권을
회복하려 했다는 소문도 있었습니다.

그 일로 인해서(삼하 16:1-4) 므비보셋은
자기의 시종이었던 시바에게
자신의 전 재산을 넘겨주어야 했습니다.
물론 후일에 므비보셋은 다윗에게
시바가 자기를 속였다고 변명했습니다.
핑곗거리야 언제든지 댈 수 있습니다.
그러나 므비보셋은 아무리 형편이 어려웠어도
결사적으로 다윗을 붙좇았어야 했습니다.

반역이 평정되어 왕궁으로 돌아오는 길에,
다윗은 므비보셋을 다시 만났습니다.
다윗은 그의 변명을 듣고
재산을 그의 종인 시바와 반분(半分)하게 합니다.
그러나 므비보셋은 더 이상 다윗 왕의 상에

앉지는 못했을 겁니다.

자기가 근본 어떤 자인지를 잃어버리는 순간,
우리에게 임했던 하나님의 은혜는
반쯤 잃어버리게 됩니다.

우리는 자신의 근본을 잊지 말아야 합니다.
우리는 근본 죄악 덩어리였습니다.
우리의 두 발이 다 절뚝발이였다는 사실을
결코 잊지 말아야 합니다.

50 일간 성경통독 제15일 묵상
〈 왕상 1-22 장, 시 29, 잠 15〉

솔로몬의 패악을 기억하라

"솔로몬왕이 바로의 딸 외에
이방의 많은 여인을 사랑하였으니
곧 모압과 암몬과 에돔과 시돈과 헷 여인이라
여호와께서 일찌기 이 여러 국민에게 대하여
이스라엘 자손에게 말씀하시기를
너희는 저희와 서로 통하지 말며
저희도 너희와 서로 통하게 말라
저희가 정녕코 너희의 마음을 돌이켜
저희의 신들을 좇게 하리라 하셨으나
솔로몬이 저희를 연애하였더라"(왕상 11:1-2).

솔로몬은 아버지 다윗의 음덕(陰德)으로
마음껏 부귀영화를 누렸던 왕입니다.
그의 시대에 예루살렘에 은이 돌같이 흔했습니다.

그는 또한 지혜와 지식도 뛰어났습니다.

"저가 또 초목을 논하되

레바논 백향목으로부터

담에 나는 우슬초까지 하고

저가 또 짐승과 새와 기어 다니는 것과

물고기를 논한지라"(왕상 4:33).

그가 하나님께 일천 번제를 드리고 구한 것은

재물과 존귀와 영화가 아니라

백성을 올바로 다스릴 "지혜"였습니다.

그가 죽은 아들과 산 아들의 참 어미가 누구인지

밝혀낸 지혜는 참으로 탁월했습니다.

그러나 솔로몬은 자기의 치적을 무색하게 하고

나라 전체를 타락시킨 패악(悖惡)을 행했습니다.

그는 자기의 죄를 스스로 좋게 여겨서

하나님의 경고를 멸시했습니다.

그의 아내인 왕비는 애굽 왕 바로의 딸이었습니다. 그는 정략결혼을 한 것입니다.

강대국 애굽 왕 바로(Paraoh)의 부마가 되었더니,
나라가 평안하고 주변 열국 가운데서
그의 권세와 위상이 높아졌습니다.

"왕은 후비가 칠백인이요 빈장이 삼백인이라
왕비들이 왕의 마음을 돌이켰더라"(왕상 11:3).
애굽 공주와의 정략결혼으로 재미를 본 솔로몬은
주변 나라의 공주들과 차례로 혼인을 했습니다.
"꿩 먹고 알 먹고"라는 속담대로
솔로몬은 신바람이 났습니다.

그러나 이방(異邦)의 왕비들이 시집을 오면서
이방 잡신들의 우상을 가져왔기에,
유다 왕국은 우상 잡신들의 백화점이 되었습니다.
솔로몬의 왕궁에서부터
모든 높은 산과 푸른 나무 아래에는

각종 우상들이 자리를 잡았고
그것들에게 분향하는 연기가 온 땅을 덮었습니다.

큰 댐(dam)도 작은 균열에 의해서
끝내 무너져 내립니다.
하나님께서 택하신 제사장 족속 이스라엘은
하나님께로부터 버림을 받고 끝내 멸망하는데
그 균열의 시작은 솔로몬의 패악이었습니다.

솔로몬이 하나님의 말씀을 경홀히 여기고
자기의 욕망과 얕은 계략을 좇아갔기 때문에
하나님께서 택하신 제사장 족속 이스라엘이
타락과 멸망의 길로 치닫게 되었습니다.

"어떤 길은 사람의 보기에 바르나
필경은 사망의 길이니라"(잠 14:12, 16:25)
"죽은 파리가
향기름으로 악취가 나게 하는 것 같이

적은 우매가 지혜와 존귀로 패하게 하느니라"
(전 10:1).

"이제 내가 사람들에게 좋게 하랴
하나님께 좋게 하랴
사람들에게 기쁨을 구하랴
내가 지금까지 사람의 기쁨을 구하는 것이었더면
그리스도의 종이 아니니라"(갈 1:10).

오늘날의 기독교도 사람의 꾀를 좇고 있습니다.
설교자들은 인간의 욕망을 채워 줄 내용으로
교인들이 듣기 좋아할 말만 합니다.

하나님께서 기뻐하시는 길을 버린다면
그 결과는 우상숭배의 길로 빠진다는 것은
불을 보듯 뻔합니다.
아멘!

50 일간 성경통독 제16일 묵상
〈 왕하 1-25 장, 시 30, 잠 16〉

사마리아 성의 구원에 계시된 복음

"이 후에 아람 왕 벤하닷이
그 온 군대를 모아 올라와서
사마리아를 에워싸니
아람 사람이 사마리아를 에워싸므로
성중이 크게 주려서
나귀 머리 하나에 은 팔십 세겔이요
합분태 사분 일 갑에
은 다섯 세겔이라"(왕하 6:24-25).
....
"엘리사가 가로되 여호와의 말씀을 들을찌어다
여호와께서 가라사대
내일 이맘때에 사마리아 성문에서
고운 가루 한 스아에 한 세겔을 하고
보리 두 스아에 한 세겔을 하리라
하셨느니라"(왕하 7:1).

성경은 구원의 책입니다.
하나님께서는 구원의 비밀을
성경의 갈피마다 무수히 계시해 주셨습니다.

"Tie a yellow ribbon round the old oak tree"라는
경쾌한 멜로디의 팝송이 있습니다.
타향의 감옥 생활 끝에 집으로 돌아오는 사람이
아내에게 편지를 썼습니다.
아직도 자기를 사랑하고 원한다면
동네 입구에 있는 떡갈나무 고목에
노란색 리본을 달아 달라는 내용이었습니다.
리본이 달려 있지 않으면 자기를 잊었다는 걸로 알고 그냥 지나치겠다는 사연도 적었습니다.

편지를 받은 아내는
혹시라도 남편이 보지 못하고 지나갈까 봐
고목나무에 가득히 노란 리본을 달아 놓았다는
내용으로 1970 년대에 크게 히트했던 노래입니다.

하나님께서는 혹시라도 우리가
당신의 구원의 사랑을 발견하지 못할까 봐,
성경의 갈피갈피마다
당신의 구원의 비밀을 수없이 감춰 두셨습니다.

예컨대, 오늘의 본문 앞의 열왕기하 5장에는
문둥병자였던 아람의 군대장관 나아만이
엘리사가 전해 준 하나님의 말씀을 순종해서
문둥병이 깨끗이 치료받은 말씀이 있습니다.
나아만은 요단강 물에 몸을 일곱 번 잠갔더니
그의 몸에서 문둥병은 사라지고
어린아이의 살같이 깨끗하게 되었습니다.

요단의 강물은 장차 예수님께서
인류의 대표자인 세례 요한에게
안수의 형식으로 세례를 받으심으로
아담에서부터 세상 종말까지의 모든 죄를
당신의 육체에 담당하신

세례의 능력을 계시합니다.

나아만이 요단강 물에 몸을 "일곱 번" 잠근 것은
그가 **"물과 피로 임하신"** 예수님의 복음을
온전한 마음으로 믿었다는 뜻입니다.
그 믿음이 문둥병자 나아만을
죄의 문둥병에서 깨끗이 낫게 했습니다.

또한 그다음 장(章)인 열왕기하 6장은
적군에 포위되어서 극도의 굶주림으로
절망에 처했던 사마리아 성의 구원을 통해서
"죄 사함으로 말미암는 구원"을 계시합니다.

아람의 군대가 사마리아 성을 오랫동안 에워싸서
성중 사람들은 모두 굶어 죽게 되었습니다.
그들은 극심한 식량난으로 환장(換腸)해서
어미들이 자기의 자식들을 잡아먹는
비참한 지경에까지 이르렀습니다.

여러분은 자신이 엄청 선하고 의로우며
남에게 희생적인 존재인 줄 압니까?
하나님께서는 우리가 극한 처지에 들어가면
자기 자식이라도 잡아먹는 이기적인 존재라고
적나라하게 말씀하십니다.

오랫동안 포위된 사마리아 성의 비참함은
말로 표현할 길이 없었습니다.
모두 몰살당할 날만 기다리는 처지였습니다.
그처럼 우리 모두는 나면서부터
죄악에 포위당해서 옴짝달싹할 수 없이
지옥의 멸망을 기다리는 자들입니다.

그런 절망의 사마리아 성에
하나님께서는 당신의 종 엘리사를 통해서
도저히 “기대할 수 없는” 약속의 말씀을
선포하셨습니다.

"엘리사가 가로되 여호와의 말씀을 들을찌어다
여호와께서 가라사대
내일 이맘때에 사마리아 성문에서
고운 가루 한 스아에 한 세겔을 하고
보리 두 스아에 한 세겔을 하리라
하셨느니라"(왕하 7:1).

그 놀라운 약속은 온전히 성취되었습니다.
하나님께서는 성 밖에 거하던 문둥이 네 사람이
죽기 살기로 아람 진영으로 나아가게 하셨는데,
아람 군대가 그들의 발걸음 소리를
애굽 군대의 진군(進軍) 소리로 듣게 하셨습니다.
혼비백산한 아람 군대는
모든 것들을 남겨 두고 도망갔습니다.

믿기지 않는 반전이 하루 만에 전개되었습니다.
하나님께서는 그처럼 놀라운 방법으로
사마리아 성을 온전히 해방시켜 주셨습니다.

예수님께서는 약 2,000년 전에
인류의 대표자인 세례 요한에게
안수(按手)의 형식으로 세례를 받으셨습니다.
예수님은 **"그 세례"**(행 10:37)로
세상 죄를 담당하셨기에
"보라 세상 죄를 지고 가는
하나님의 어린양이로다"라는 증거를 받으시고
세상 죄를 지신 채로 십자가에 달리셨습니다.

주님은 십자가에 못 박혀서
"다 이루었다"(요 19:30) 하시기까지
흘리신 피로 대속(代贖)의 심판을 받으심으로
인류를 모든 죄에서 완벽하게 구원하셨습니다.
이제 **"물과 피로 임하신"** 예수님의 구원 사역을
믿는 이는 결코 죄가 없습니다.

예수님께서 약 2,000년 전에
"물과 피"로 이루신 구원의 역사가

우리의 모든 죄를 없애 놓았다는 말씀이
과연 우리가 "바랄 수 있는" 일입니까?

그러나 믿음은 **"바랄 수 없는 중에
바라고 믿는 것"**(롬 4:18)입니다.
"물과 피로 임하신"(요일 5:6)
예수님께서 드리신 **"한 영원한 제사"**로
우리는 영원히 거룩하게 되었습니다
(히 10:10, 12).

그런데 그때에 성문을 지키던 한 장관은,
"여호와께서 하늘에 창을 내신들
어찌 이 일이 있으랴" 하며
엘리사가 예언한 하나님의 말씀을
농담으로 여기며 믿지 않았습니다.
그는 결국 성문에서 백성들에게 밟혀 죽었습니다.

믿음은 **"바랄 수 없는 중에**

바라고 믿는 것"(롬 4:18)입니다.
마음에 죄가 있는 기독죄인(基督罪人)들은
아람 군대에게 포위된 사마리아 성에
아직도 갇혀 있는 자들과 같습니다.

"그런 일은 절대 불가능하다" 주장하며
성문을 지켰던 장관처럼,
하나님의 말씀을 대적하며 고집을 부리면
끝내는 밟혀 죽습니다.

50 일간 성경통독 제17일 묵상
〈역대기상 1-20장, 시편 31, 잠언 17〉

장대(長大)한 자들은 죽임을 당합니다

"이 후에 블레셋 사람과 게셀에서 전쟁할 때에
후사 사람 십브개가 장대한 자의 아들 중에
십배를 쳐 죽이매 저희가 항복하였더라
다시 블레셋 사람과 전쟁할 때에
야일의 아들 엘하난이
가드 사람 골리앗의 아우 라흐미를 죽였는데
이 사람의 창자루는 베틀채 같았더라
또 가드에서 전쟁할 때에
그곳에 키 큰 자 하나는 매 손과 매 발에
가락이 여섯씩 모두 스물 넷이 있는데
저도 장대한 자의 소생이라
저가 이스라엘을 능욕하는 고로
다윗의 형 시므아의 아들 요나단이
저를 죽이니라
가드 장대한 자의 소생이라도

다윗의 손과 그 신복의 손에

다 죽었더라"(대상 20:4-8).

종교는 장대한 자들이 군림하는 영적 세계입니다.
이제는 기독교도 일등주의자들과 장대한 자들,
즉 자기 의의 부자들이 지배하는 세계이기에
하나의 거대한 종교 집단에 불과합니다.

그러나 하나님의 영적 전쟁에서는
장대한 자들이 모두 죽임을 당합니다.
하나님께서는 자기 의의 부자들,
즉 장대한 자들을 멸하십니다.

하나님은 자기의 의가 전혀 없는 자들,
오직 하나님의 의만 자랑하는 작은 자들을
구원하시고 당신의 자녀와 군사로 삼으십니다.
자기 의의 꼴찌들, 자기의 부족을 아는 소자들이
하나님의 의를 옷 입고 믿음의 용사들이 됩니다.

그러나 거대한 세력과 지지자들을 배경으로
장대(長大)한 척하는 자기 의의 부자(富者)들은
좌우에 날 선 검과 같은 말씀 앞에 쓰러집니다.

소년 다윗이 골리앗을 물리칠 때에,
"너는 칼과 창과 단창으로 내게 오거니와
나는 만군의 여호와의 이름 곧 네가 모욕하는
이스라엘 군대의 하나님의 이름으로
네게 가노라"(삼상 17:45)고 마주 달려가며
물맷돌로 골리앗의 정수리를 쳐서
그를 단번에 쓰러뜨렸습니다.

장대한 자들은 그 잘난 학력과 경력으로
온갖 허세를 부리고 수많은 교인들과
거대한 예배당으로 자기들의 위세를 삼습니다.
그들은 양털과 베실을 섞어 짜듯이
하나님의 말씀과 인간의 생각을 짜깁기해서 만든
신학과 교리의 갑옷을 입고,

충에 먹혀 죽기 전의 헤롯 왕처럼(행 12:21-23)
자기의 위용(偉容)을 자랑합니다.

그러나 그런 장대한 자들은
믿음의 용사들이 던진 말씀의 물맷돌에 맞아
맥없이 꼬꾸라집니다.

자기 의로 갑옷을 삼는 장대한 자들은
결코 진리의 복음으로 거듭날 수 없습니다.
베데스다 못가의 일등주의자(一等主義者)들은
아무도 주님을 만나지 못했습니다.
그들은 일등주의의 신화에 매료되어서
서로서로 칭찬과 아첨의 거짓말을 주고받다가
결국 멸망의 지옥에 떨어집니다.

연못가의 한쪽 구석에 누워서 하늘만 바라보던
38년 된 병자와 같이
유구무언(有口無言)의 심령이 되어야

꼴찌들을 찾아오신 은혜의 주님을 만나게 됩니다.
자기에게는 아무것도 내세울 것이 없는
작은 자라야 사랑의 주님을 만나서
"죄 사함으로 말미암는 구원"(눅 1:77)을 받고
믿음의 용사가 됩니다.

작은 자라야 구원을 받고 믿음의 용사가 됩니다.
"큰 자가 어린 자를 섬기리라"(롬 9:12).
이 진리가 영적 세계의 대원칙(大原則)입니다.

자기의 의를 끝까지 내세우는 장대한 자들은
반드시 죽임을 당합니다.
"이 후에 다윗이 블레셋 사람을 쳐서 항복 받고
블레셋 사람의 손에서 메덱암마를 빼앗으니라
다윗이 또 모압을 쳐서
저희로 땅에 엎드리게 하고
줄로 재어 그 두 줄 길이의 사람은 죽이고
한 줄 길이의 사람은 살리니

모압 사람이 다윗의 종이 되어
조공을 바치니라"(삼하 8:1-2).

자기가 얼마나 부족하고 연약한지를 아는
꼴찌들이라야 값없이 주시는 구원의 은총으로
죄 사함을 받고 하나님의 자녀가 됩니다.

여러분은 자기 의의 부자입니까?
아니면, 자신이 지옥에 가야 할
죄인 중에 괴수(魁首)라고 스스로 인정하십니까?

50 일간 성경통독 제18일 묵상
〈 대상 21~대하 10, 시 32-33, 잠 18〉

선생들이 더 큰 심판받을 줄을 알라

“사단이 일어나 이스라엘을 대적하고
다윗을 격동하여 이스라엘을 계수하게 하니라
…………………..
하나님이 이 일을 괘씸히 여기사
이스라엘을 치시매
다윗이 하나님께 아뢰되
내가 이 일을 행함으로 큰 죄를 범하였나이다
이제 간구하옵나니 종의 죄를 사하여 주옵소서
내가 심히 미련하게 행하였나이다
하니라”(대상 21:1,7-8).

다윗은 평생 동안 여호와를 경외하며
하나님의 뜻을 온전히 좇았던
하나님의 종이며 믿음의 사람이었습니다.

그의 믿음의 삶은
이스라엘 왕들의 모범이 되었습니다.
그래서 유다 왕국에서 그의 대를 이은 왕들은
다윗을 기준으로 삼아서 평가를 받았습니다.
하나님께서는 솔로몬에게도
(너는) "부친 다윗이 여호와를 온전히 좇음 같이"
하나님을 좇지 않았다고
그를 책망하셨습니다(왕상 11:6).

그러나 다윗도 연약한 인간이었습니다.
다윗은 두 가지 큰 죄악을 행했습니다.
첫째는 우리아의 아내 밧세바와 간음하였고
그녀가 임신을 하자 그녀의 남편이자
자기의 충복(忠僕)인 우리아를 죽여버렸습니다.

둘째는 그의 나라가 통일되고 견고해지자
다윗은 요압의 만류에도 불구하고
백성들을 계수했습니다.

백성들을 계수(計數)한 일이
왜 그렇게 큰 문제가 되었을까요?
하나님께서 다윗의 왕국을 친히 다스리시며
주변의 열국을 굴복시키게 해 주셔서
이스라엘 백성은 평안과 번영을 누렸습니다.
그런데 백성들을 계수(計數)한 일은
그가 모든 치적을 자기의 공로로 삼은 셈입니다.
그것은 하나님의 선한 역사를 도둑질해서
자기의 영광으로 삼는 악행입니다.

믿음의 사람들에게 있어서 그것은 큰 죄악입니다.
그러한 다윗의 죄 때문에
하나님의 온역(瘟疫)으로 칠만 명이 죽었습니다.

출애굽 한 백성들은 광야 므리바에 이르러서
물이 없으므로 하나님과 모세를 대적했습니다.
그때에 모세는 하나님의 명하신 말씀을 믿고
바위를 향해서 "물을 내라"라고

믿음으로 명하기만 하면 되었습니다.

그러나 모세는 하나님의 말씀을 선포한 후에
자기의 지팡이로 반석을 두 번 쳤습니다.
백성들 앞에서
자기의 신령한 능력을 돋보이려던 것입니다.
그 죄얼(罪孼)로 인해서
모세는 약속의 땅에 들어가지 못했습니다.

하나님께서는 하나님보다 자기를 높이려고
하나님의 영광을 도둑질하는 자들이
존숭(尊崇)을 받지 못하게 하십니다.
그래서 하나님께서는 당신의 종들의
그러한 악행을 더욱 엄히 문책하십니다.

말씀을 전파하고 하나님의 일을 하는 이들,
즉 자칭(自稱) 하나님의 종이라는 자들은
더욱 두렵고 떨리는 마음으로

하나님의 뜻을 믿고 좇아야 합니다.
먼저 그들은 자기가 정말 거듭났는지를,
그래서 영적 소경들을 올바로 인도할 수 있는지
스스로 점검해야 합니다.

마음에 죄 사함을 받지 못해서
"울음과 탄식으로
여호와의 단을 가리우는"(말 2:13) 소경들이
선생이 되어 다른 소경들을 인도하겠다고
억지를 부리는 일이 기독교 안에 허다합니다.

영적인 선생이나 인도자가 되려면
두려운 마음으로 자신을 먼저 살펴야 합니다.
그리고 모든 영광과 주권을
하나님께만 돌려야 합니다.

우리는 착각하지 말아야 합니다.
우리 자신에게 무슨 선한 것이나

옳은 것이 있는 줄 압니까?
흙으로 빚어진 우리 자신에게는
어떤 선한 것도 의로운 것도 전혀 없습니다.

기독죄인(基督罪人)인 목회자들은
자기가 아직 거듭나지도 못한
영적 소경인 줄을 시인하고
물과 피의 복음으로 죄 사함을 받아야 합니다.
그렇지 않겠거든
영적인 선생질은 꿈도 꾸지 말아야 합니다.

"내 형제들아 너희는 선생 된 우리가
더 큰 심판 받을 줄을 알고
많이 선생이 되지 말라"(약 3:1).
아멘!

50 일간 성경통독 제19일 묵상
〈 대하 11~36장, 시 34, 잠 19〉

여호사밧의 악행을 경계하라

유다 왕국의 왕들 중에는
선왕(先王) 다윗의 믿음을 본받아
하나님의 뜻을 온전히 순종한 자들이
별로 없었습니다.

다만 이스라엘 백성들의 마음을
여호와께 돌리려고 신앙 개혁을 시도한 왕들은
몇 명 있었습니다.
여호사밧도 그런 개혁적인 왕들 중의 하나입니다.

여호사밧은 **"그 조상 다윗의 처음 길로 행하여**
바알들에게 구하지 아니하고
오직 그 부친의 하나님께 구하며
그 계명을 행하고 이스라엘의 행위를 좇지

아니하였음이라"(대하 17:3-4)고 합니다.

여호사밧 왕은
"전심으로 여호와의 도를 행하여
산당과 아세라 목상들도
유다에서 제"(대하 17:6)했습니다.
또 여호사밧은 레위인들과 제사장이
여호와의 율법책을 들고 모든 성읍으로 순행하며
백성들을 가르치도록 명했습니다.

이처럼 여호사밧은
자기 백성들이 지식이 없어서 망하지 않도록
하나님의 말씀으로 백성들을 훈육한
성군(聖君)이었습니다.

하나님을 경외함으로
신앙 개혁을 추진한 여호사밧 왕에게
하나님은 존귀와 평강과 풍부로 복을 주셨습니다.

그러자 여호사밧은
결정적인 잘못을 행하게 됩니다.
그는 북 왕국 이스라엘 왕과 손을 잡았습니다.
"여호사밧이 부귀와 영광이 극하였고
아합으로 더불어 연혼하였더라"(대하 18:1).

성군(聖君)이었던 여호사밧 왕이
영적인 비류였던 아합 왕과 왜 손을 잡았을까요?
여호사밧은 하나님의 은혜로 나라가 평안하자
북 왕조 이스라엘의 왕과 화친하고자 했습니다.

여로보암의 집과 다윗의 집은
늘 전쟁이 있었는데,
자기가 그 악연의 고리를 끊겠다는 것이었습니다.
여호사밧은 아합과 집안끼리 사돈을 맺었습니다.
마치 솔로몬이 주변 강대국과 정략결혼을 해서
평안을 누리려고 했던 것과 같은
육신의 악한 생각이며 잔꾀였습니다.

여호사밧은
하나님을 대적하고 우상을 섬겼던 아합과는
결코 손을 잡지 말아야 했습니다.
영적 비류들과 손을 잡고 그들과 제휴하는 것은
하나님의 말씀을 경홀히 여기는 악행입니다.

아합과 연혼(聯婚)한 여호사밧은
총기가 어두워졌습니다.
여호사밧의 개혁은 결국 빛을 바랬습니다.
"여호사밧이 그 부친 아사의 길로 행하여
돌이켜 떠나지 아니하고
여호와 보시기에 정직히 행하였으나
산당은 폐하지 아니하였으므로
백성이 오히려 마음을 정하여
그 열조의 하나님께로 돌아오지 아니하였더라"
(대하 20:32-33).
북 왕조의 아합 왕과 연혼(聯婚)한 것이
여호사밧의 큰 잘못이었습니다.

"너희는 믿지 않는 자와 멍에를 같이 하지 말라
의와 불법이 어찌 함께하며
빛과 어두움이 어찌 사귀며
그리스도와 벨리알이 어찌 조화되며
믿는 자와 믿지 않는 자가 어찌 상관하며
하나님의 성전과 우상이 어찌 일치가 되리요
우리는 살아 계신 하나님의 성전이라
이와 같이 하나님께서 가라사대
내가 저희 가운데 거하며 두루 행하여
나는 저희 하나님이 되고
저희는 나의 백성이 되리라 하셨느니라"
(고후 6:14-16).

거듭난 의인들도 거듭나지 못한 죄인들을
구원으로 인도하기 위해서
그들과 사귈 수는 있습니다.
그러나 거듭나지 못한 죄인들과 화목할 목적으로
영적인 일에 그들과 함께 멍에를 멜 수 없습니다.

거듭난 의인들은 육신의 생각을 경계해야 합니다.
육신의 생각은 악한 누룩입니다.

"죽은 파리가
향기름으로 악취가 나게 하는 것 같이
적은 우매가 지혜와 존귀로 패하게 하느니라"
(전 10:1).

육신의 생각은 아무리 옳아 보여도
하나님의 말씀을 패망케 합니다.
우리는 하나님의 말씀만을 순결하게 지키며
경외함으로 좇아야 합니다.

"보라 내가 너희를 보냄이
양을 이리 가운데 보냄과 같도다
그러므로 너희는 뱀 같이 지혜롭고
비둘기 같이 순결하라"(마 10:16).

50 일간 성경통독 제20일 묵상
〈 스 1~느 13 장, 시 35-36, 잠 20 〉

양손 복음의 일꾼들

"우리의 대적이 자기의 뜻을
우리가 알았다 함을 들으니라
하나님이 저희의 꾀를 폐하셨으므로
우리가 다 성에 돌아와서 각각 역사하였는데
그 때로부터 내 종자의 절반은 역사하고
절반은 갑옷을 입고 창과 방패와 활을 가졌고
민장은 유다 온 족속의 뒤에 있었으며
성을 건축하는 자와 담부하는 자는
다 각각 한 손으로 일을 하며
한 손에는 병기를 잡았는데
건축하는 자는 각각 칼을 차고 건축하며
나팔 부는 자는 내 곁에 섰었느니라"
(느 4:15-18).

인류의 역사를 주관하시는 하나님께서

이방 왕들의 마음을 움직이셔서
훼파된 성전과 예루살렘 성벽을
재건하게 하셨습니다.

에스라의 인도로 귀환한 이스라엘 백성들은
먼저 성전을 재건했고
후에 총독 느헤미야의 인도로 귀환한 백성들은
예루살렘 성벽을 재건했습니다.

그때에 산발랏과 암몬 사람 도비야와
아라비아 사람들과 암몬 사람들과
아스돗 사람들이 분개하며 일어나
성벽을 재건하려던 의로운 역사를 훼방했습니다.
그들은 거짓말로 담꾼들의 사기를 떨어뜨리고
하나님의 백성들의 역사를 중단시키려고
무장(武裝)을 하고 공격할 기세였습니다.

이때에 느헤미야는 속히 성벽을 재건하려고

역사에 참여한 백성들을 격려하면서
대역사(大役事)를 주밀(周密)하게 진행했습니다.
적들의 어떤 공격에도 역사가 그치지 않도록
절반은 무장시켜 일꾼들을 보호하게 하고
절반은 성벽 재건의 노역에 참여했습니다.
일하는 자들도 한 손에 도구를 잡고
다른 한 손에 병기를 잡게 했습니다.

느헤미야는 그렇게 주밀하게 공사를 진행해서
52일 만에 예루살렘 성벽을 재건했습니다.
참으로 놀라운 하나님의 역사였습니다.
하나님께는 불가능한 일이 없습니다.
하나님의 뜻을 믿는 종들은
이 시대에도 동일한 역사가 일어난다고 믿습니다.

성전(聖殿)과 예루살렘 성벽을 재건한 역사는
원형복음(原形福音)의 회복과
하나님의 교회의 재건(再建)을 계시해 줍니다.

"터가 무너지면 의인이 무엇을 할꼬"(시 11:3)
하며 탄식했던 시편 기자(記者)처럼,
오늘날 진리의 복음의 터는 무너졌고
반쪽짜리의 유사 복음이 세상을 뒤덮고 있습니다.
거듭난 성도(聖徒)들의 모임인
하나님의 교회(고전 1:2)는 찾아볼 수가 없고
이 세상의 타락된 가치를 추구하는 기독교는
육신의 욕망을 좇는 기독죄인(基督罪人)들이
주류를 이루어서 장악하고 있습니다.

에스라와 느헤미야의 시대에도 사단의 하수인들,
즉 산발랏과 암몬 사람 도비야와
아라비아, 암몬, 그리고 아스돗 사람들이
종교의 왕국에서 기득이권(旣得利權)을 장악하고
부와 영광을 마음껏 누리고 있었습니다.
그들은 종교의 왕국에서 마음껏 누리던
부와 명예라는 기득 이권을 지키려고
예루살렘 성전과 성벽의 재건을 극렬히 반대하며

하나님의 일꾼들을 훼방하고 공격했습니다.

사도 바울이 역경 속에서도 자비량(自費糧)하며
생명의 복음을 전파하며 영혼들을 섬긴 것은
훼방하는 자들의 공격을 미리 차단했던
참으로 지혜로운 복음 전도의 방식이었습니다.

한 손에는 기계를 잡고
다른 한 손에는 병기(兵器)를 잡았던
느헤미야의 일꾼들처럼,
바울의 본(本)을 따르는 하나님의 종들은 지금도
자비량(自費糧)하면서 진리의 복음을 전합니다.

이 시대에도 일하면서 진리의 복음을 전하는
“양손 복음”의 일꾼들이 많이 일어나서
“물과 피와 성령의 증거가 합하여 하나”인
성경대로의 복음(고전 15:3-4)을 재건하고,
진리의 복음을 믿어서 거듭난 의인들의 모임인

하나님의 교회가 전 세계적으로 세워져서
복음의 지경(地境)이 확장되기를 기도합니다.

"내가 아무의 은이나 금이나 의복을
탐하지 아니하였고
너희 아는 바에 이 손으로
나와 내 동행들의 쓰는 것을 당하여
범사에 너희에게 모본을 보였노니
곧 이같이 수고하여 약한 사람들을 돕고
또 주 예수의 친히 말씀하신바
주는 것이 받는 것보다 복이 있다 하심을
기억하여야 할찌니라"(행 20:33-35).
아멘!

50 일간 성경통독 제21일 묵상
〈 에 1~욥 10 장, 시 37~38, 잠 21〉

하나님과 따로 잔치하지 말라

"왕후 와스디도 아하수에로 왕궁에서
부녀들을 위하여 잔치를 베푸니라
제 칠일에 왕이 주흥이 일어나서
어전 내시 므후만과 비스다와 하르보나와 빅다와
아박다와 세달과 가르가스 일곱 사람을 명하여
왕후 와스디를 청하여 왕후의 면류관을 정제하고
왕의 앞으로 나아오게 하여
그 아리따움을 뭇 백성과
방백들에게 보이게 하라 하니
이는 왕후의 용모가 보기에 좋음이라
그러나 왕후 와스디가
내시의 전하는 왕명을 좇아 오기를 싫어하니
왕이 진노하여 중심이 불 붙는듯하더라"
(에 1:9-12).

아하수에로 왕이 주연(酒宴)을 베푸는 동안,
왕비 와스디는 따로 자기의 잔치를 베풀었습니다.
와스디는 왕이 부르는데도 자기의 잔치를 핑계로
왕 앞에 나가지 않았습니다.
그래서 왕비의 권세와 영광을
모두 잃어버렸습니다.

하나님 나라의 영적인 잔치는 오직
하나님의 의를 찬양하고 기뻐하는 잔치입니다.
하나님은 모든 성도들이 당신의 교회 안에서
희생의 어린양을 잡아서 베푸는
하나님의 의의 잔치에 늘 함께하기를 원하십니다.

하나님의 교회는
오직 하나님의 의만을 자랑합니다.
인간의 의를 자랑하고
그것으로 잔치를 여는 교회는
하나님께로부터 버림을 받습니다.

와스디 왕비가 자기의 아름다움에 도취되었듯,
인간의 의와 공로를 자랑하는 교회들에게서는
하나님께서 의(義)의 촛대를 빼앗아 옮기십니다.

왕궁같이 웅장하고 화려하게 꾸민 예배당에서
대단한 언변을 쏟아내는 네피림 설교자와
New York Philharmonic 에 버금가는 관현악단과
수백 명 합창대의 찬양이 감동을 주는 예배,
자기들의 의를 뽐내는 인간들의 잔치를
하나님께서 기뻐하실 것 같습니까?

하나님께서 기뻐하시는 영적 잔치는
오직 하나님의 의만을 자랑하고 찬양하는,
하나님을 위한 잔치입니다.
하나님은 우리가
"물과 피로 임"(요일 5:6)하신
예수님께서 우리를 모든 죄에서 구원해 주신
하나님의 의만을 자랑하기를 원하십니다.

인간의 의를 자랑하는 잔치를 벌이는 것은
하나님과는 상관없는 불법의 연회에 불과합니다.

**"지혜가 그 집을 짓고 일곱 기둥을 다듬고
짐승을 잡으며 포도주를 혼합하여 상을 갖추고
그 여종을 보내어
성중 높은 곳에서 불러 이르기를
무릇 어리석은 자는 이리로 돌이키라
또 지혜 없는 자에게 이르기를
너는 와서 내 식물을 먹으며
내 혼합한 포도주를 마시고
어리석음을 버리고 생명을 얻으라
명철의 길을 행하라 하느니라"(잠 9:1-6).**

참 지혜이신 예수님께서 의의 잔치를 베푸시고
영혼들을 잔치에 초대하시는 말씀입니다.

일등주의자(一等主義者)들이 모여서

자기들의 의와 공로를 은근히 자랑하고
인간의 의를 간증하며 잔치를 여는 교회는
하나님의 교회가 충만하게 누리고 있는
하나님의 영광과 생명을 이미 잃어버렸습니다.

오직 하나님과 마음을 함께하면서
하나님의 의로 잔치를 열고 있는 교회가
에스더 왕비와 같이 아름답고 순결한
하나님의 교회입니다.

"왕후가 육십이요
비빈이 팔십이요 시녀가 무수하되
나의 비둘기, 나의 완전한 자는 하나뿐이로구나
그는 그 어미의 외딸이요
그 낳은 자의 귀중히 여기는 자로구나
여자들이 그를 보고 복된 자라 하고
왕후와 비빈들도 그를 칭찬하는구나"(아 6:8-9).
할렐루야!

50 일간 성경통독 제22일 묵상
〈욥기 11-30장, 시편 39-40, 잠언 22〉

무화과 나뭇잎 옷을 벗기시는 하나님

"이는 내가 부르짖는 빈민과
도와줄 자 없는 고아를 건졌음이라
망하게 된 자도 나를 위하여 복을 빌었으며
과부의 마음이 나로 인하여
기뻐 노래하였었느니라
내가 의로 옷을 삼아 입었으며
나의 공의는 도포와 면류관 같았었느니라"
(욥 29:12-14).

욥의 의(義)는
동방의 모든 사람보다 승(勝)하였습니다.
그의 의로운 삶에서 우러나오는
경건하고 심오한 교훈 앞에
사람들은 입을 열 수 없었습니다.

“무리는 내 말을 들으며
나의 가르치기를 잠잠히 기다리다가
내가 말한 후에 그들이 말을 내지 못하였었나니
나의 말이 그들에게 이슬 같이 됨이니라”
(욥 29:21-22).

욥은 자기의 의로움에 대한 긍지가 대단했으며
자기의 순전함에 흠뻑 취해 있었습니다.
“나는 단정코 너희를 옳다 하지 아니하겠고
죽기 전에는 나의 순전함을 버리지 않을 것이라
내가 내 의를 굳게 잡고 놓지 아니하리니
일평생 내 마음이 나를 책망치 아니하리라
(욥 27:5-6).

그러나 이제 욥은
자기가 업신여겼던 자들의 비난을 받으며
무시했던 자들의 조롱거리가 되었습니다.
하지만 위골된 팔이 아무 힘이 없는 것처럼

그들의 공허한 질책이나 위로의 말은
고난 당한 욥에게 전혀 도움이 되지 못했습니다.

그래도 욥은 하나님의 구원을 바라고 있었습니다.
“내가 알기에는 나의 구속자가 살아 계시니
후일에 그가 땅 위에 서실 것이라
나의 이 가죽, 이것이 썩은 후에
내가 육체 밖에서 하나님을 보리라”
(욥 19:25-26).

욥이 그랬던 것처럼, 인간의 의가
자기 눈에는 완벽하고 거룩하게 보여도
하나님 앞에서는 더러운 옷과 같습니다(사 64:6).
하나님께서는 고난을 통해 욥을 구원하시려고
그의 의를 철저하게 깨뜨리셨습니다.

자기의 열심으로 지어 입은 무화과 나뭇잎 옷을
온전히 벗어버리지 않고서는

하나님께서 입혀 주시는
가죽옷을 결코 입을 수 없습니다.
그 완전한 의의 가죽옷은 하나님께서
당신의 아들을 어린양으로 희생하셔서 만드신
완벽하며 영원한 의(義)의 옷입니다.

기독교인들 중에는
무화과 나뭇잎 옷을 속옷으로 지어 입고
그 위에 가죽옷을 입고자 하는 이들이 많습니다.
"물과 피로 임하신"(요일 5:6) 예수님이 완성한
의의 가죽옷 속에 자기의 의의 옷을 입고 있으면
여린 피부가 쓸려서 매우 아픕니다.

그래서 영적으로 지혜로운 사람은
지금까지 입고 있었던 자기 의의 속옷을
얼른 벗어버립니다.
그러나 미련한 자는 어쩌다 얻어 입은
은혜의 가죽옷을 미련 없이 벗어버리고

또 다시 새벽마다 **"울음과 탄식으로"**(말 2:13)
무화과 나뭇잎 옷을 새로 지어 입습니다.

하나님께서는 욥에게서
무화과 나뭇잎 옷을 끝내 벗기셨습니다.
그 과정이 처절하고 눈물겹습니다.
그 옷은 욥이 평생 동안 근신하며 지은 것인지라
욥은 온 가산과 자식을 다 잃어버리고도
자신의 나뭇잎 옷을 끝내 벗지 않으려 했습니다.

욥의 의가 모두 깨어지고
그의 무화과 나뭇잎 옷이 온전히 벗겨지기까지
이루 말할 수 없는 고난의 긴 세월이
그에게 필요했습니다.

이는 마치 모세가
애굽의 왕자로서 40년간 쌓았던
자기의 잘남과 옳음의 나뭇잎 옷을 벗기까지

미디안 광야에서 고난의 40 년이
그에게 필요했던 것과 같습니다.
모세의 잘남과 옳음이 다 깨어진 후에야
하나님께서는 떨기나무 불꽃 가운데 나타나셔서
"네가 선 곳은 거룩한 곳이니
네 발의 신을 벗으라" 하시며 그를 부르셨습니다.

하나님의 나라에 들어가려면
자기 생각과 의를 온전히 부인해야 합니다.
무화과 나뭇잎 옷을 날마다 지어 입고서
자기의 의에 도취되어 있는 종교인들은
결코 하나님의 의를 옷 입을 수 없습니다.

인간의 의로 말하자면
세례 요한보다 더 나은 이가 없습니다.
율법의 의로는 전인류 중 으뜸이었던 요한이라도
자신의 의로는
결코 천국의 영생에 들어갈 수 없었습니다.

"내가 진실로 너희에게 말하노니
여자가 낳은 자 중에
세례 요한보다 큰이가 일어남이 없도다
그러나 천국에서는
극히 작은 자라도 저보다 크니라
세례 요한의 때부터 지금까지
천국은 침노를 당하나니
침노하는 자는 빼앗느니라"(마 11:11-12).

세례 요한이 예수님에게
안수의 형식으로 세례를 베푼 때부터
천국의 문은 활짝 열렸습니다.
이제 누구든지 **"물과 피로 임하신"**(요일 5:6)
예수님의 **"한 영원한 제사"**(히 10:12)를 믿으면
결코 정죄함이 없는 의의 가죽옷을 입고
천국 영생의 혼인잔치에 넉넉하게 들어갑니다.
할렐루야!

50 일간 성경통독 제23일 묵상
〈욥기 31~아가서 8장, 시편 41-42, 잠언 23〉

예수님께서 총애(寵愛)하시는 교회

"나의 사랑 너는 순전히 어여뻐서
아무 흠이 없구나
……….
나의 누이, 나의 신부야
네가 내 마음을 빼앗았구나
네 눈으로 한 번 보는 것과
네 목의 구슬 한 꿰미로 내 마음을 빼앗았구나
나의 누이, 나의 신부야
네 사랑이 어찌 그리 아름다운지
네 사랑은 포도주에 지나고
네 기름의 향기는
각양 향품보다 승하구나"(아 4:7, 9-10).

하나님의 교회는 진리의 복음을 믿어서
거룩해진 성도(聖徒)들의 모임입니다(고전 1:2).

하나님의 교회 안에는 죄인이 없습니다.
예수님께서 당신의 복음으로 정결하게 된 교회를
당신의 순결한 신부로 삼으셔서
죽음보다 강한 사랑(아 8:6)으로 사랑하십니다.

"나의 누이, 나의 신부는 잠근 동산이요
덮은 우물이요 봉한 샘이로구나"(아 4:12).
하나님의 교회는 진리의 복음을 순수하게 믿고
원형 그대로의 복음을 생명처럼 수호합니다.
세상의 어떤 주장도, 사단 마귀의 어떤 거짓말도
하나님의 교회에는 들어올 수 없습니다.

"왕후가 육십이요
비빈이 팔십이요 시녀가 무수하되
나의 비둘기, 나의 완전한 자는 하나뿐이로구나
그는 그 어미의 외딸이요
그 낳은 자의 귀중히 여기는 자로구나
여자들이 그를 보고 복된 자라 하고

왕후와 비빈들도 그를 칭찬하는구나"(아 6:8-9).

예수님께서 총애(寵愛)하시는 하나님의 교회는
무형(無形)의 교회이며 전 세계에 하나뿐입니다.
주님께서 **"어려서 취한 아내"**(말 2:14-15)인
하나님의 교회는
역사의 시원(始原)부터 세워진 교회입니다.
범죄한 아담에게 가죽옷 복음을 입혀서
세워 주신 의로운 교회,
하나님의 의만을 믿고 따랐던
아름다운 술람미 여인이 하나님의 교회입니다.

술람미 여인의 목을 아름답게 장식한 목걸이는
신약과 구약의 말씀으로 한 꿰미를 이루고 있는
온전한 복음의 진리입니다.
"성령과 물과 피의 증거가 합하여 하나"(요일 5:8)인 복음의 한 꿰미를 목에 건 술람미 여인을
그토록 사랑하시는 분은 예수님입니다.

"네 두 뺨은 땋은 머리털로,
네 목은 구슬 꿰미로 아름답구나
…….
나의 누이, 나의 신부야
네가 내 마음을 빼앗았구나
네 눈으로 한 번 보는 것과
네 목의 구슬 한 꿰미로
내 마음을 빼앗았구나"(아 1:10, 4:9).

주님께서 진리의 복음을 간직한 교회를
잠에서 깨우십니다.
주님께서는 당신의 품에서 안연히 거하면서
단잠을 자고 싶어하는 성도들을 일으키십니다.
"눈을 들어 밭을 보라
희어져 추수할 때가 되었다" 하시며
주님께서는 당신의 제자들을 독려하십니다.

"나의 사랑하는 자가 내게 말하여 이르기를

나의 사랑, 나의 어여쁜 자야

일어나서 함께 가자

겨울도 지나고 비도 그쳤고

지면에는 꽃이 피고

새의 노래할 때가 이르렀는데

반구의 소리가 우리 땅에 들리는구나"

(아 2:10-12).

주님의 사랑에 취해서

주님의 포근한 품에서 좀 더 쉬려고 하나

영혼들을 향한 주님의 간절한 구원의 사랑을

너무나 잘 알기에

오늘도 복음의 일꾼들은 일찍 일어나서

주님의 진리의 사랑을 전파하러 나갑니다.

"밤 깊도록 동산 안에 주와 함께 있으려 하나

괴론 세상에 할 일 많아서 날 가라 명하신다

주님 나와 동행을 하면서 나를 친구 삼으셨네

우리 서로 받은 그 기쁨은 알 사람이 없도다~♬"

50 일간 성경통독 제24일 묵상
〈이사야 1~20 장, 시편 43-44, 잠언 24〉

구원의 하나님, 긍휼의 하나님!

"보라 하나님은 나의 구원이시라
내가 의뢰하고 두려움이 없으리니
주 여호와는 나의 힘이시며
나의 노래시며 나의 구원이심이라
그러므로 너희가 기쁨으로
구원의 우물들에서 물을 길으리로다
그 날에 너희가 또 말하기를
여호와께 감사하라 그 이름을 부르며
그 행하심을 만국 중에 선포하며
그 이름이 높다 하라
여호와를 찬송할 것은
극히 아름다운 일을 하셨음이니
온 세계에 알게 할찌어다"(사 12:2-5).

하나님께서 다시는 우리의 죄악을 따라

우리를 심판하지 않겠다고 약속하셨습니다.
“땅을 침몰할 홍수가 다시 있지 아니하리라”
하신 그 약속의 표로
하나님께서는 무지개를 구름 사이에 두셨습니다.

하나님께서 그 약속의 무지개를
성경 갈피마다 숨겨 두셔서,
하나님께 소망을 둔 자들은 보물찾기를 하듯
말씀 안에 숨겨진 영적 무지개들을 찾아내고는
긍휼을 베푸시는 구원의 하나님을 기뻐합니다.

우리는 행악의 종자(種子)로 태어나서
평생에 미친 마음을 품고 죄만 저지르다가
하나님의 공의한 심판을 받고
지옥에 떨어져야 할 인생들이었습니다.
그런데 우리를 불쌍히 여기시고
구원을 베푸시는 하나님께서
구제불능인 우리들의 모든 죄악을

당신 편에서 일방적으로 영원토록
없애 주시겠다고 약속하셨습니다.

"오라 우리가 서로 변론하자
너희 죄가 주홍 같을찌라도
눈과 같이 희어질 것이요
진홍 같이 붉을찌라도
양털 같이 되리라"(사 1:18).

그토록 놀라운 일이 어떻게 일어났습니까?
하나님께서 당신의 외아들을
우리와 같은 사람의 육신으로 보내 주셔서
그 아들을 대속(代贖)의 희생제물로 삼아
"한 영원한 제사"(히 10:12)를 드려 주셨습니다.

"그러므로 주께서 친히 징조로
너희에게 주실 것이라
보라 처녀가 잉태하여 아들을 낳을 것이요

그 이름을 임마누엘이라 하리라"(사 7:14).

"이는 한 아기가 우리에게 났고

한 아들을 우리에게 주신바 되었는데

그 어깨에는 정사를 메었고

그 이름은 기묘자라, 모사라,

전능하신 하나님이라, 영존하시는 아버지라,

평강의 왕이라 할 것임이라"(사 9:6).

성자(聖子) 하나님이신 예수님께서 드리신

"한 영원한 제사"를 믿는 이들은

주홍같이 붉었던 자기의 모든 죄가

흰 눈처럼 깨끗이 씻어져서

결코 정죄함이 없는 의인들이 되었습니다.

마음에 죄가 남아 있는 기독죄인(基督罪人)들은

자신이 아직 구원의 하나님을 만나지 못했으며

거듭나지 못했다는 사실을 시인해야 합니다.

그들은 경건의 모양만 내면서 형식적인 제사로

하나님의 성전 마당만 밟을 뿐입니다.

"너희가 내 앞에 보이러 오니
그것을 누가 너희에게 요구하였느뇨
내 마당만 밟을 뿐이니라
헛된 제물을 다시 가져오지 말라
분향은 나의 가증히 여기는 바요
월삭과 안식일과 대회로 모이는 것도 그러하니
성회와 아울러 악을 행하는 것을
내가 견디지 못하겠노라"(사 1:12-13).

마음에 죄가 있는 기독죄인(基督罪人)들은
속히 "나는 지옥에 가야 마땅하다"라고 시인하고
"성령과 물과 피가 합하여 하나"(요일 5:8)인
진리의 복음을 믿어서 거듭나야 합니다.

50 일간 성경통독 제25일 묵상
〈이사야 21~40 장, 시편 45-46, 잠언 25〉

보아도 보지 못하게 하신 하나님의 경륜

"너희는 놀라고 놀라라
너희는 소경이 되고 소경이 되라
그들의 취함이 포도주로 인함이 아니며
그들의 비틀거림이 독주로 인함이 아니라
대저 여호와께서 깊이 잠들게 하는 신을
너희에게 부어주사 너희의 눈을 감기셨음이니
눈은 선지자요
너희 머리를 덮으셨음이니
머리는 선견자라"(사 29:9-10).

하나님께서는
마음의 중심이 준비되지 않은 자들에게는
그들이 구원의 비밀을 보고 깨닫지 못하도록
그것을 감추십니다.

하나님은 그들이 구원의 비밀을
보아도 보지 못하게 하시고
들어도 듣지 못하게 하십니다.

기독교 안에는 천사 귀신 들린 이들이 많습니다.
많은 이들이 자기의 선함과 온유함에 도취되어
자기가 구원을 받은 줄로 착각하고 있습니다.
"광명의 천사로 가장"(고후 11:14)한 사단이
기독교라는 종교의 세계 안에
일등주의(一等主義)의 독버섯을
잔뜩 뿌려놓은 결과입니다.

헛된 신화를 추구하는 기독교는
베데스다 못가와 같습니다.
베데스다 못가의 일등주의자(一等主義者)들은
각기 자기의 의로움과 잘남을 겸손으로 포장하여
은근히 자기를 자랑합니다.
기도의 일등, 희생의 일등, 봉사의 일등,

헌신의 일등, 헌금의 일등, 전도의 일등,
개척의 일등, 선교의 일등, 설교의 일등……등등!
그들은 칭찬을 서로 주고받는 일에도 일등입니다.

그러나 주님께서는 분명히 경고하셨습니다.
"모든 사람이 너희를 칭찬하면 화가 있도다
저희 조상들이 거짓 선지자들에게
이와 같이 하였느니라"(눅 6:26).

주님께서는 소위 잘나고 똑똑하다는 자들에게는
영생을 얻게 하는 구원의 비밀을 숨기시고
철부지 어린이 같은 의의 꼴찌들에게만
생명의 말씀을 은밀하게 열어서 보여 주십니다.

기독죄인(基督罪人)들이여!
진정 하나님의 구원의 은총을 입고
거듭나서 하나님의 자녀가 되고 싶다면
그대들은 먼저 마음을 정직하게 하여

“소경이 되고 소경이 되어야” 합니다.

“너희는 놀라고 놀라라
너희는 소경이 되고 소경이 되라
그들의 취함이 포도주로 인함이 아니며
그들의 비틀거림이 독주로 인함이 아니라
대저 여호와께서 깊이 잠들게 하는 신을
너희에게 부어주사 너희의 눈을 감기셨음이니
눈은 선지자요
너희 머리를 덮으셨음이니
머리는 선견자라”(사 29:9-10).

자기는 마음에 죄가 있는 영적 소경이면서
본다고 우기는 자에게는
주님도 어찌하실 수가 없습니다.
누구든지 자기가 지옥에 가야 할
비참한 죄인이라고 토설(吐說)하기 전에는
구원의 도를 결코 만날 수 없습니다.

주님께서는 현대판 바리새인들을 책망하십니다.

“너희가 소경 되었더면

죄가 없으려니와 본다고 하니

너희 죄가 그저 있느니라(요 9:41).

하나님께서 아담과 하와를

에덴동산에서 내쫓으신 후에,

두루 도는 불 칼로 무장한 천사들을 세워서

생명나무의 길을 지키게 하신 비밀도

하나님의 심오한 경륜입니다.

마음에 죄가 있는 기독죄인(基督罪人)들이

마치 자기도 구원을 받은 것처럼,

마치 자기도 거듭난 성도(聖徒)인 것처럼,

하나님의 모든 말씀을 깨달은 것처럼 착각하며

경건의 모양만 내고 있는 것을 보면

참으로 안타깝습니다.

게다가 그들은 소경인 인도자들을 좇습니다.
"소경이 코끼리 만지듯 한다"라는 속담대로,
거듭나지 못한 선생이 무엇을 알겠습니까?
자기 마음의 죄도 사함 받지 못한 영적 소경이
어떻게 신자들의 죄가 씻어지게 인도하겠습니까?
"또 비유로 말씀하시되
소경이 소경을 인도할 수 있느냐
둘이 다 구덩이에 빠지지 아니하겠느냐"(눅 6:39)
하신 주님의 말씀에 유념해야 합니다.

마음에 죄가 있는 기독죄인(基督罪人)들은
먼저 주님 앞에 항복하고 나와서
주님의 긍휼을 구해야 합니다.
"죄의 삯은 사망"(롬 6:23)입니다.
죄가 있으면 아무리 오래 예수님을 믿었어도,
아무리 많은 1등 메달을 간직하고 있어도
결코 지옥의 영벌(永罰)을 면할 수 없습니다.

자칭 의인들은 구원을 받을 수 없습니다.
마음에 죄가 있는 이들은
먼저 **"소경이 되고 소경이 되어야"** 합니다.
"나는 지옥에 가야 할 죄인입니다" 하고
정직하고 간절하게 고백해야 합니다.

그러면 주님께서 진리의 복음으로 만나 주십니다.
주님께서 심령이 가난한 자의 모든 죄를
"흰 눈같이, 양털같이" 씻어 주십니다.
할렐루야!

오순절까지 성경일독 제 26 일 묵상
<이사야 41-64, 시 47-49, 잠 26>

구원의 은혜를 잊지 말자

"의를 좇으며 여호와를 찾아 구하는 너희는
나를 들을찌어다
너희를 떠낸 반석과
너희를 파낸 우묵한 구덩이를
생각하여 보라"(사 51:1).

"은혜는 물에 새기고
원한은 바위에 새긴다"라는 속담이 있습니다.
이 속담처럼, 우리는 하나님의 은혜를
너무나도 쉽게 잊어버립니다.
"에브라임아 내가 네게 어떻게 하랴
유다야 내가 네게 어떻게 하랴 너희의 인애가
아침 구름이나 쉬 없어지는 이슬 같도다"
(호 6:4).

우리가 얼마나 비참한 운명이었는데,
값없이 구원의 은총을 입었습니까?
우리가 아무리 각오한들
죄를 짓지 않을 수 있었습니까?
우리가 우리의 죄를 한 조각, 한 올이라도
스스로 깨끗이 씻을 수 있었습니까?

우리는 구제불능의 죄인들이었습니다.
그러나 우리를 사랑하시는 하나님께서
당신의 외아들을 통해서 베푸신 구속의 은혜로
우리는 값없이 모든 죄의 사함을 받고
하나님의 자녀가 되는 영광을 얻었습니다.

"너희는 정다이 예루살렘에 말하며
그것에게 외쳐 고하라
그 복역의 때가 끝났고
그 죄악의 사함을 입었느니라
그 모든 죄를 인하여 여호와의 손에서

배나 받았느니라 할찌니라"(사 40:2).

"물과 피와 성령의 증거가
합하여 하나"(요일 5:8)인 원형의 복음이
진리의 복음이며 성경대로의 복음입니다.
우리는 원형(原形)의 복음을 믿음으로
마음에 흰 눈같이 죄 사함을 받았습니다.
이제부터 우리는 하나님의 은혜를
영원토록 찬송하는 것이 합당합니다.

하나님께서 우리를 모든 죄에서
어떻게 구원하셨습니까?
"우리는 다 양 같아서
그릇 행하여 각기 제 길로 갔거늘
여호와께서는 우리 무리의 죄악을
그에게 담당시키셨도다"(사 53:6).

하나님께서는 당신의 외아들을

우리와 같은 육신의 모양으로 보내셔서
하나님께서 예비하신 종 세례 요한에게
안수의 형식으로 세례를 받게 하셨습니다.
그 세례로 **"우리 무리의 죄악을 그에게"**
담당시키셨습니다.

"내가 여호와로 인하여 크게 기뻐하며
내 영혼이 나의 하나님으로 인하여 즐거워하리니
이는 그가 구원의 옷으로 내게 입히시며
의의 겉옷으로 내게 더하심이
신랑이 사모를 쓰며
신부가 자기 보물로 단장함 같게
하셨음이라"(사 61:10).

거듭난 우리를 영원토록 거룩하게 하셔서
"헵시바"라 **"쁄라"**(사 62:4)라 부르시며
당신의 신부로 맞아 주신 주님을 찬양합니다.
할렐루야!

부활절에서 오순절까지 성경일독 제 27 일 묵상
〈렘 1-24 장, 시 50-52, 잠 27〉

마음에 할례를 받지 않은 자는 멸망을 당합니다

"여호와께서 말씀하시되
날이 이르면 할례 받은 자와
할례 받지 못한 자를 내가 다 벌하리니
곧 애굽과 유다와 에돔과 암몬 자손과
모압과 및 광야에 거하여
그 머리털을 모지게 깎은 자들에게라
대저 열방은 할례를 받지 못하였고
이스라엘은 마음에 할례를 받지 못하였느니라
하셨느니라"(렘 9:25-26).

하나님은 우리가 당신의 백성이 되려면
먼저 마음에 할례를 받아야 한다고 말씀하십니다.
"유다인과 예루살렘 거민들아

너희는 스스로 할례를 행하여
너희 마음 가죽을 베고 나 여호와께 속하라
그렇지 아니하면 너희 행악을 인하여
나의 분노가 불 같이 발하여 사르리니
그것을 끌 자가 없으리라"(렘 4:4).

마음의 모든 죄가 "싹둑" 잘려 나가서
죄가 전혀 없어진 것이 마음의 할례(割禮)입니다.
마음에 할례를 받은 자들,
즉 거듭나서 죄가 전혀 없는 의인(義人)들이라야
하나님의 자녀요 그의 거룩한 백성입니다.

마음의 할례는 어떻게 받습니까?
"할례는 마음에 할찌니 신령에 있고
의문에 있지 아니한 것이라"(롬 2:29).
육체의 할례는
하나님의 진리의 복음을 믿음으로 얻은
마음의 할례를 몸에 둔 표식(標式)에 불과합니다.

우리가 **"물과 피로 임하신"**(요일 5:6)
예수 그리스도를 믿을 때에,
우리 마음의 모든 죄가 뚝 끊어져 나가서
예수님께로 넘어갔습니다.
진리의 원형복음을 믿음으로
우리는 마음에 흰 눈같이 할례를 받고
결코 정죄함이 없는 의인(義人)들이 됩니다.

그러나 십자가의 피만의 복음을 믿어서는
"빽빽한 구름"(사 44:22) 같은 마음의 죄가
결코 흰 눈처럼 씻어질 수가 없습니다.
그런 연유로 오늘날 대부분의 기독교인들이
기독죄인(基督罪人)으로 남아 있습니다.

마음의 할례를 받지 못한 소경 목자들은
같은 소경인 기독죄인(基督罪人)들을 앉혀놓고
"여호와께서 이곳에서
너희에게 확실한 평강을 주시리라"(렘 14:13)

하며 거짓 평강을 선포합니다.
마음에 죄가 있는데, 무슨 평강이 있겠습니까?

그들은 하나님께서 보내신 사자들이 아닙니다.
"만군의 여호와께서 이같이 말씀하시되
너희에게 예언하는 선지자들의 말을 듣지 말라
그들은 너희에게 헛된 것을 가르치나니
그들의 말한 묵시는
자기 마음으로 말미암은 것이요
여호와의 입에서 나온 것이 아니니라"(렘 23:16).

하나님의 종들은 사람들이 듣기 싫어해도
"죄의 삯은 사망"(롬 6:23)이라고 선포합니다
"죄가 있으면 지옥에 간다"는 진리의 말씀입니다.
하나님의 종들은 주님의 말씀을 온전히 믿습니다.
그 믿은 바 말씀이 자기를 이겨서
하나님의 종들은 자기의 생각을 부인하고
하나님의 말씀을 그대로 대언(代言)합니다.

그래서 하나님의 종들은
기독죄인들로 가득 찬 종교의 마을에서
이단이라는 비난을 받으며 배척을 당합니다.
때로는 가족에게까지 버림을 받습니다.

**"여호와여 주께서 나를 권유하시므로
내가 그 권유를 받았사오며
주께서 나보다 강하사 이기셨으므로
내가 조롱거리가 되니
사람마다 종일토록 나를 조롱하나이다"**(렘 20:7).

하나님의 종들은
하나님의 무한한 구속의 사랑을
값없이 얻은 자들이기에
이 땅에서 모든 것을 잃을지라도
하나님의 말씀을 순종합니다.
그것이 하나님의 기뻐하시는 뜻이기에….

오순절까지 성경일독 제 28 일 묵상

〈렘 25-44 장, 시 53-55, 잠 28〉

새 언약을 성취하신 하나님

"나 여호와가 말하노라 보라 날이 이르리니
내가 이스라엘 집과 유다 집에
새 언약을 세우리라
나 여호와가 말하노라
이 언약은 내가 그들의 열조의 손을 잡고
애굽 땅에서 인도하여 내던 날에
세운 것과 같지 아니할 것은
내가 그들의 남편이 되었어도
그들이 내 언약을 파하였음이니라
나 여호와가 말하노라
그러나 그 날 후에
내가 이스라엘 집에 세울 언약은 이러하니
곧 내가 나의 법을 그들의 속에 두며
그 마음에 기록하여

나는 그들의 하나님이 되고

그들은 내 백성이 될 것이라

그들이 다시는

각기 이웃과 형제를 가리켜 이르기를

너는 여호와를 알라 하지 아니하리니

이는 작은 자로부터 큰 자까지 다 나를 앎이니라

내가 그들의 죄악을 사하고

다시는 그 죄를 기억지 아니하리라

여호와의 말이니라"(렘 31:31-34).

예레미야서는

유다 왕국 멸망기(滅亡期)의 거친 역사 속에서

하나님의 말씀을 순전하게 전했던

하나님의 종들과

자기의 욕망과 몽조(夢兆)를 좇아 거짓을 대언한

거짓 선지자들을 대비시키고 있습니다.

예레미야 선지자의 대언(代言) 말씀 중에서

압권(壓卷)은 **"새 언약"**의 약속입니다.
조국의 멸망을 눈물로 대언했던 예레미야에게
하나님께서는 장차 이루실 놀라운 구원의 역사를
소망으로 대언하게 하셨습니다.
그 **"새 언약의 계시"**가 예레미야서의 압권입니다.

"내가 그들의 죄악을 사하고
다시는 그 죄를 기억지 아니하리라" (렘 31:34).
이 약속을 하나님께서는 온전히 성취하셨습니다.

"저 첫 언약이 무흠하였더면
둘째 것을 요구할 일이 없었으려니와"(히 8:7).

당신의 백성을 애굽에서 이끌어 내실 때에
세우신 첫 언약으로는
구원을 얻을 육체가 전혀 없었기에,
하나님 편에서 일방적으로
우리의 죄를 다 없애 주셨습니다.

그리고 이제 누구든지
"물과 피로 임하신"(요일 5:6) 예수님께서
당신의 몸을 제물로 삼아 드려 주신
"한 영원한 제사"(히 10:12)를 믿기만 하면
값없이 죄 사함과 영생을 얻게 하셨습니다.

하나님의 아들 예수 그리스도께서
우리의 모든 죄와 허물을
흰 눈같이 씻어 주셨다는 진리의 복음을
구성하고 있는 증거는 세 가지입니다.

**"증거하는 이가 셋이니 성령과 물과 피라
또한 이 셋이 합하여 하나이니라"**(요일 5:8).

"예수님은 성자 하나님이시기에
전 인류의 죄를 대속할 흠 없는 제물이시다"
라고 성령님은 증거합니다.
"물"은 예수님께서 요단강 물에서

인류의 대표자인 세례 요한에게
안수의 형식으로 받으신 세례를 계시합니다.
예수님은 **"그 세례"**(행 10:37)로
세상 죄를 당신의 몸에 온전히 담당하셨습니다.

"피"는 십자가에서 흘리신 대속의 보혈입니다.
예수님께서는 받으신 세례로
"세상 죄를 지고 가는 하나님의 어린양"이 되셨기에, 주님께서 십자가에 못 박혀서
"다 이루었다"(요 19:30)라고 외치시고
돌아가시기까지 흘리신 대속의 보혈(寶血)로
우리의 모든 죗값을 온전히 지불해 주셨습니다.

성령과 물과 피의 증거가 **"합하여 하나"**입니다.
이 세 증거 중에서 하나라도 빠진 것은
온전한 복음이 될 수 없습니다.
어느 하나라도 결여된 불법(不法)의 복음으로는
아무도 죄 사함을 받지 못합니다.

십자가의 피만의 복음으로는
마음의 죄가 깨끗이 씻어질 수 없기에
영적 소경인 기독죄인들은 눈이 어두워서
하나님을 제대로 알 수 없습니다.

그러나 거듭난 의인들은 하나님을 압니다.
"그들이 다시는 각기 이웃과 형제를 가리켜
이르기를 너는 여호와를 알라 하지 아니하리니
이는 작은 자로부터 큰 자까지
다 나를 앎이니라"(렘 31:34).

하나님의 구속의 사랑을 입은 자의 마음에는
진리의 복음을 구성하고 있는
"세 가지 증거"가 선명하게 새겨져 있습니다.
그래서 여호와 하나님과
하나님의 구속의 사랑을 잘 압니다.

"아비들아 내가 너희에게 쓰는 것은

너희가 태초부터 계신 이를 앎이요

청년들아 내가 너희에게 쓰는 것은

너희가 악한 자를 이기었음이니라

아이들아 내가 너희에게 쓴 것은

너희가 아버지를 알았음이요

아비들아 내가 너희에게 쓴 것은

너희가 태초부터 계신 이를 알았음이요

청년들아 내가 너희에게 쓴 것은

너희가 강하고

하나님의 말씀이 너희 속에 거하시고

너희가 흉악한 자를 이기었음이라"

(요일 2:13-14).

하나님께서는 우리의 모든 죄악을

실제로 완벽하게 없애 주셨습니다.

그래서 진리의 복음을 믿는 자들에게는

"내가 그들의 죄악을 사하고

다시는 그 죄를 기억지 아니하리라" 하신

하나님의 약속이 온전히 성취되었습니다.

그러나 악한 자, 즉 사단 마귀의 종들은
"사람이 어떻게 죄가 없을 수 있느냐?
우리는 죄인이지만 예수 보혈을 의지하기 때문에
믿는 자들을 의롭다고 불러 주신다"라는
칭의(稱義)의 교리를 주장하면서
기독죄인(基督罪人)들을 양산하고 있습니다.

그들은 하나님을 거짓말쟁이로 만들면서
하나님께서 행하신 일을 부인하는 자들입니다.

우리는 **"새 언약"**의 은혜를 입어서
흰 눈같이 죄 사함을 받고 의인들이 되었습니다.
하나님께서는 거듭난 우리 모두가
새 언약의 일꾼(고후 3:6)이 되기를
간절히 원하십니다.
아멘!

부활절에서 오순절까지 성경일독 제 29 일 묵상

〈렘 45-애 5 장, 시 56-59, 잠 29〉

거짓 선지자를 좇은 죄의 대가는 멸망입니다

"처녀 내 백성의 멸망할 때에 자비한 부녀가
손으로 자기 자녀를 삶아 식물을 삼았도다
여호와께서 분을 발하시며
맹렬한 노를 쏟으심이여
시온에 불을 피우사 그 지대를 사르셨도다
대적과 원수가 예루살렘 성문으로 들어갈 줄은
세상 열왕과 천하 모든 백성이
믿지 못하였었도다
그 선지자들의 죄와 제사장들의 죄악을 인함이니
저희가 성읍 중에서 의인의 피를 흘렸도다"
(애 4:10-13).

바벨론 대군(大軍)의 침공으로 예루살렘 성이

여러 달 동안 포위되어 주렸을 때에
부녀들이 자기의 자식을 삶아 먹는
비참한 일까지 일어났습니다.
예루살렘 성과 하나님의 성전은 파괴되었고
왕족과 귀인들은 살육 당하고 포로로 잡혀갔으며
황폐한 도성은 인적(人跡)마저 끊겼습니다.
하나님의 징계를 받고 처참하게 멸망을 당한
유다 왕국과 예루살렘 성의 잔혹한 모습을 보고
예레미야 선지자는 눈물로 탄식했습니다.

이렇게 비참한 멸망에 떨어진 이유는
이스라엘의 지도자들과 백성들이 거짓 선지자들과 타락한 제사장들을 좇았기 때문입니다.

**"내 백성이 지식이 없으므로 망하는도다
네가 지식을 버렸으니 나도 너를 버려
내 제사장이 되지 못하게 할 것이요
네가 네 하나님의 율법을 잊었으니**

나도 네 자녀들을 잊어버리리라"(호 4:6).

성경이 말씀하는 **"지식"**은
"진리를 아는 지식"(히 10:26)입니다.
그것은 우리를 모든 죄에서 구원하신
진리의 원형복음(原形福音)을 의미합니다.

진리의 원형복음을 잃어버린 거짓 선지자들과
자기의 배만 채우려던 제사장들이 지배하는
타락한 종교의 세계에는 아무 소망이 없었습니다.

하나님께서는 죄악이 넘치던 소돔 성에서
의인 열 사람만 찾을 수 있으면
소돔 성을 멸망시키지 않겠다고 약속하셨습니다.
그러나 거듭난 의인(義人) 열 사람이 없었기에
소돔 성은 유황 불이 비같이 내려 멸망했습니다.

이 시대에도 거듭난 하나님의 종들과

하나님의 의를 옷 입은 의인들은
찾아볼 수 없을 정도로 희귀합니다.
반면에 거듭나지 못한 소경 목자들과
그들을 맹목적으로 추종하는 기독죄인들은
기승을 부리며 온 땅을 덮고 있습니다.
그들은 진리의 복음을 알지 못하기에
하나님의 말씀을 변개시키고 혼잡하게 합니다.

거짓 선지자들과
그들을 추종하는 이들에게 멸망의 화가 있습니다.
"악을 선하다 하며 선을 악하다 하며
흑암으로 광명을 삼으며
광명으로 흑암을 삼으며
쓴 것으로 단 것을 삼으며
단 것으로 쓴 것을 삼는
그들은 화 있을찐저"(사 5:20).

거듭나지 못해서 마음에 죄가 있는

거짓 선지자들은
더 이상 시궁창 물 같은 거짓을 쏟아 내지 말고
제발 그 더러운 입을 다물어야 합니다.
"거짓으로 끈을 삼아 죄악을 끌며
수레 줄로 함 같이 죄악을 끄는 자는
화 있을찐저"(사 5:18).

그들은 자신들이 쏟아 낸 거짓말로 인해서
하나님의 준엄한 심판을 받을 것입니다.
그들은 영적 소경인 주제에 누구를 인도하겠다고
온갖 거짓말로 죽지 아니할 영혼을 죽이고
살지 못할 영혼들을 높이며 기를 살리는지,
참으로 안타깝고 두렵습니다.

"너희가 두어웅큼 보리와 두어조각 떡을 위하여
나를 내 백성 가운데서 욕되게 하여
거짓말을 곧이 듣는 내 백성에게
너희가 거짓말을 지어서

죽지 아니할 영혼을 죽이고
살지 못할 영혼을 살리는도다"(겔 13:19).

한 조각 떡을 위해서 일하는 타락한 제사장들은
제발 자기의 악하고 비참한 모습을 깨닫고
"하나님, 저는 지옥에 가야 할 죄인입니다.
저를 불쌍히 여겨 주셔서
의인으로 거듭나게 인도해 주십시오" 하고
하나님 앞에 무릎을 꿇기를 바랍니다.

그러면 하나님께서
"물과 피의 복음"으로 만나 주셔서
그들의 눈에서 비늘 같은 것이 떨어지게 하시며
마음에 할례를 받게 하실 것입니다.

하나님께서 그대들을 거듭난 하나님의 종으로,
거룩한 백성으로, 왕 같은 제사장으로,
의의 일꾼으로 삼아주실 것입니다.

부활절에서 오순절까지 성경일독 제 30 일 묵상

〈겔 1-24 장, 시 60-61, 잠 30〉

거짓 선지자들을 삼가라

"너 인자야 너의 백성 중
자기 마음에서 나는 대로 예언하는 부녀들을
대면하여 쳐서 예언하여 이르기를
주 여호와의 말씀에
사람의 영혼을 사냥하고자 하여
방석을 모든 팔뚝에 꿰어 매고
수건을 키가 큰 자나 작은 자의 머리를 위하여
만드는 부녀들에게 화 있을찐저
너희가 어찌하여 내 백성의 영혼을 사냥하면서
자기를 위하여 영혼을 살리려하느냐
너희가 두어웅큼 보리와 두어조각 떡을 위하여
나를 내 백성 가운데서 욕되게 하여
거짓말을 곧이 듣는 내 백성에게
너희가 거짓말을 지어서

죽지 아니할 영혼을 죽이고

살지 못할 영혼을 살리는도다"(겔 13:17-19).

에스겔서는 유다의 멸망으로

바벨론에 포로로 잡혀간

제사장 에스겔에게 전하게 하신

하나님의 말씀입니다.

유다는 두 가지 죄악을 저질렀습니다.

우상숭배와 안식일을 더럽힌 죄입니다.

"그들이 마음으로 우상을 좇아

나의 규례를 업신여기며

나의 율례를 행치 아니하며

나의 안식일을 더럽혔음이니라"(겔 20:16).

하나님께서는 진리의 복음 안에서

모든 사람이 안식을 누리게 하셨습니다.

그러나 그들은 진리의 복음을 변질시켜서

안식일의 규례를 더럽혔습니다.

마음에 죄가 있는 오늘날의 기독교인들도
참된 안식을 주시려고 진리의 복음으로 세워주신
영원한 안식일의 규례를 더럽히고 있습니다.

진리의 복음을 잃어버리고 하나님을 떠난 자들은
우상숭배의 죄에 빠질 수밖에 없습니다.
하나님보다 더 사랑하는 세상의 가치(價値)가
다 우상입니다.
돈, 명예, 권력, 쾌락—
이런 것들을 추구하는 기독교는
우상을 숭배하는 종교 집단에 불과합니다.

이러한 죄악을 만연시킨 원흉은
거짓 선지자들입니다.
거듭나지 못한 거짓 선지자들은
성령의 인도를 받지 못하기 때문에

자기의 탐욕스러운 마음에서 나오는 대로
또 사람들의 입맛에 맞도록 꾸며낸
거짓 교훈을 쏟아 냅니다.

"사람의 영혼을 사냥하고자 하여
방석을 모든 팔뚝에 꿰어 매고
수건을 키가 큰 자나 작은 자의 머리를 위하여
만드는 부녀들에게 화 있을찐저"(겔 13:18)

그들은 영혼을 사냥해서 자기의 종으로 삼으려고
각 사람에게 하나면 충분한 방석(직분, 감투)을
다리와 팔뚝에도 달아줍니다.

그들은 율법적인 교훈(수건, 고후 3:13)을
교인들의 머리에 덮어씌워서 그들을 억압하고
꼼짝 못하게 짓누릅니다.
거짓 선지자들은 **"죽지 않을 영혼들,"**
즉 심령이 정직하고 가난한 자들은 다 죽이고

“살지 못할 영혼들,”
즉 자기 의의 부자(富者)들의 기는 살려줍니다.

거짓 선지자들은 영의 눈이 멀어 있어서
죄인들이 흰 눈같이 죄 사함을 얻게 하는
“성경대로의 복음”(고전 15:3-4)을 모릅니다.

거짓 선지자를 용납하면 반드시 멸망을 받습니다.
거듭나지 못한 거짓 선지자들로 인해
이스라엘은 타락했고 우상숭배의 죄와
안식일을 더럽히는 죄에 빠졌습니다.
그 결과 이스라엘은
비참한 멸망의 나락으로 떨어졌습니다.

우리는 유다 왕국의 멸망을
반면교사(反面教師)로 삼아야 합니다.
비참한 역사의 교훈을 마음에 새겨야 합니다.

“거짓 선지자들을 삼가라
양의 옷을 입고 너희에게 나아오나
속에는 노략질하는 이리라”(마 7:15).

영혼들을 사냥해서 벗겨 먹는 자들,
궁궐 같은 예배당 안에서 왕 노릇 하는 자들,
총회장 선거에서 돈봉투를 돌리는 자들,
여신도들을 성폭행하고 유린하는 자들,
그런 자들을 비호하고 용인하는 자들이 많습니다.

이런 자들을 용납하고 추종하는 한,
오늘날의 기독교는
우상숭배와 안식일을 더럽히는 죄로 인해
멸망을 당할 수밖에 없습니다.

깨어 있는 이들은
거짓 선지자들의 야욕을 분별하고
속히 그들의 손아귀에서 벗어나야 합니다.

50 일간 성경통독 제31일 묵상
〈겔 25-48장, 시 62-65, 잠 31〉

선한 목자이신 예수 그리스도의 약속

"그러므로 내가 내 양떼를 구원하여
그들로 다시는 노략 거리가 되지 않게 하고
양과 양 사이에 심판하리라
내가 한 목자를 그들의 위에 세워 먹이게 하리니
그는 내 종 다윗이라
그가 그들을 먹이고 그들의 목자가 될찌라
나 여호와는 그들의 하나님이 되고
내 종 다윗은 그들 중에 왕이 되리라
나 여호와의 말이니라
내가 또 그들과 화평의 언약을 세우고
악한 짐승을 그 땅에서 그치게 하리니
그들이 빈 들에 평안히 거하며
수풀 가운데서 잘찌라(겔 34:22-25).

거짓 목자들은 이스라엘 백성들을

노략 거리로 삼아 유린하고 수탈했습니다.
하나님께서는 그들이 **"자기만 먹이고**
내 양의 무리를 먹이지 아니"(겔 34:8)했다고
그들을 책망하셨습니다.

하나님께서는 길 잃은 양들을 찾아가십니다.
"만민 중에서 끌어내며 열방 중에서 모아
그 본토로 데리고 가서
이스라엘 산 위에와 시냇가에와
그 땅 모든 거주지에서 먹이되
좋은 꼴로 먹이고
그 우리를 이스라엘 높은 산 위에 두리니
그것들이 거기서 좋은 우리에 누워 있으며
이스라엘 산 위에서 살진 꼴을 먹으리라
나 주 여호와가 말하노라
내가 친히 내 양의 목자가 되어
그것들로 누워 있게 할찌라"(겔 34:13-15)고
약속하셨습니다.

이 약속대로 하나님은
이스라엘 가운데 길 잃은 양들을 구원할
선한 목자로 당신의 외아들을
이 땅에 보내 주셨습니다.

모든 종교는 제도화와 세속화(世俗化)라는
두 가지 타락된 경향으로 치닫습니다.
기독교도 제도화와 세속화의 수렁으로
점점 더 깊이 빠져들고 있으며
그것에서 결코 헤어날 길이 없습니다.

그러한 종교의 늪에서는 삯꾼들이 판을 칩니다.
거짓 목자들은 입으로는 사랑을 외치지만
자기 배만 불리며 자기의 영광만 구하다가
늑대가 오면 양들을 버려두고 도망칩니다.

거짓 목자들에게 수탈 당해서
야위어만 가는 가련한 양들에게

선한 목자이신 예수님께서 찾아오십니다.
주님은 그들의 이름을 하나하나 불러내셔서
당신의 양 우리로 인도하십니다.
주님은 진리의 말씀으로 양들을 거듭나게 하시고
성령을 선물로 주십니다.
영원한 생명을 얻은 양들은
주님께서 주시는 좋은 꼴을 먹고
튼실하게 자라나서 의의 일꾼들이 됩니다.

선한 목자를 만나서 거듭난 의인들은
주님께서 먹이시는 생명의 꼴을 먹고
"현숙한 여인"(잠 31:10)으로 자라나서
자기들을 신부로 삼아주신 남편 예수 그리스도를
즐거운 마음과 선한 뜻을 다해서 섬깁니다.

"누가 현숙한 여인을 찾아 얻겠느냐
그 값은 진주보다 더 하니라"(잠 31:10).
현숙한 여인은 기뻐하며 또 주밀하고

충성스럽게 남편의 뜻을 수종합니다.
"그런 자는 살아 있는 동안에
그 남편에게 선을 행하고
악을 행치 아니하느니라"(잠 31:12).

현숙한 여인이 가장 칭찬받는 일은
"밤이 새기 전에 일어나서
그 집 사람에게 식물을 나눠주며
여종에게 일을 정하여 맡기며
밭을 간품하여 사며
그 손으로 번 것을 가지고
포도원을 심"(잠 31:15-16)는 일입니다.

현숙한 여인의 직임(職任)을 다하는 종들은
성도들에게 생명의 양식을 때에 맞게 공급합니다.
또 영혼들의 마음밭을 잘 살펴서
심령이 가난한 자들을 만나게 되면
어떤 값을 지불하고라도 사단의 손에서

그들을 구해 내서 하나님의 자녀로 삼습니다.
또 하나님의 종들은 그렇게 구해 낸 성도들이
교회(포도원)를 이루게 합니다.
이처럼 현숙한 여인들은 남편의 뜻을
기쁨과 지원함으로 섬깁니다.

하나님의 종들은 비록 육신은 곤고하지만
예수님께서 기뻐하시는 생명의 사역을 하면서,
그들의 영은 기쁨과 존귀와 영광으로 충만하며
장차 자기들이 들어갈 천국을 바라보면서
"후일을 웃"습니다(잠 31:25).

우리를 현숙한 여인으로 불러주신 주님을
찬양하고 사랑합니다.
아멘!

50 일간 성경통독 제32일 묵상
〈다니엘 1장 - 호세아 8장, 시편 66-69편〉

종말에 대한 예언의 말씀

"매일 드리는 제사를 폐하며
멸망케 할 미운 물건을 세울 때부터
일천 이백 구십일을 지낼 것이요
기다려서 일천 삼백 삼십 오일까지 이르는
그 사람은 복이 있으리라"(단 12:11-12).

요즈음 기독교 안에는
마지막 때에 관한 거짓 교훈들이 난무합니다.
거짓 선지자들은 지어낸 온갖 거짓말로
영혼들을 미혹하며 착취하고 있습니다.

하나님께서는 이스라엘 민족을
제사장 백성으로 택하시고 그들을 통해서
인류를 향한 당신의 구원의 역사를 펼치십니다.

마지막 때에 이스라엘 성전이 재건되어
옛 규례대로 상번제(常燔祭)가 드려질 것입니다.
그러던 중에 난리와 전쟁이 세상을 휩쓸겠고
전 세계적으로 재난(災難)이 극대화되면서,
인류는 환란(患亂)에 들어가게 될 것입니다.

그때에 혼란한 세계를 장악하고 지배하려고
바다에서 나온 짐승과 땅에서 나온 짐승이
차례로 등장합니다.
사단에게 권능을 받은 그들은
세상을 장악하고 하나님을 대적합니다.
땅에서 나온 짐승은
바다에서 나온 짐승의 옹위(擁衛)를 받아서
성전을 파괴하고 매일 드리는 제사를 폐지하며
성전 자리에 자기의 우상(偶像)을 세울 것입니다.
그는 모든 사람이 그 짐승의 표를 받게 하고
그 표가 없는 사람은 식량을 배급받거나
생필품을 살 수 없게 합니다.

그때에 거듭나지 못한 모든 사람들은 표를 받고
그 우상에게 절하며 그를 숭배하게 되는데,
의인들은 끝끝내 그에게 복종하지 않기에
핍박을 받고 유리하며 순교를 당할 것입니다.

"또 환난이 있으리니
이는 개국 이래로 그 때까지 없던 환난일 것이며
그 때에 네 백성 중 무릇 책에 기록된
모든 자가 구원을 얻을 것이라"(단 12:1).

인류 역사상 전무후무한 큰 환란이
"성도의 권세가 깨어지기까지"(단 12:7)
계속됩니다.
그러나 하나님께서는 생명책에 기록된 자들,
즉 구원 얻은 의인(義人)들을 위하여
환란의 날 수(數)를 감하실 것입니다.

"그 날들을 감하지 아니할 것이면

모든 육체가 구원을 얻지 못할 것이나

그러나 택하신 자들을 위하여

그 날들을 감하시리라"(마 24:22).

7년 대환란기의 어느 시점에

멸망케 할 미운 물건(우상)이 거룩한 곳에 서게 되는데, 그때로부터 약 3년 반이 지난 즈음에

주님께서 재림하십니다.

"멸망케 할 미운 물건을 세울 때부터

일천 이백 구십일을 지낼 것이요

기다려서 일천 삼백 삼십 오일까지 이르는"

(단 12:11-12) 시점에 주님께서 영광 중에

공중으로 좇아 재림하실 것이며

그 순간에 의인들의 부활과 휴거의 역사가

동시(同時)에 전 세계적으로 전개될 것입니다.

그때에 진리의 복음을 믿어서 죄 사함을 받고

생명책(계 20:12)에 녹명(錄名)된 의인들은
하나님의 자녀의 영광을 떨치며 부활하여
영생의 축복을 누릴 것입니다.

**"지혜 있는 자는 궁창의 빛과 같이 빛날 것이요
많은 사람을 옳은 데로 돌아오게 한 자는
별과 같이 영원토록 비취리라
다니엘아 마지막 때까지
이 말을 간수하고 이 글을 봉함하라
많은 사람이 빨리 왕래하며
지식이 더하리라"(단 12:3-4).**

이 시대는 모든 지식이 극(極)에 달한
AI(인공지능)와 IoT(사물인터넷)의 시대입니다.
다니엘에게 주셨던 예언의 말씀이 이루어질 때가
아주 가까이 왔습니다.

그러나 그날과 그때는 하나님만 아십니다.

우리는 깨어 있어서 시대의 징조를 살피며
앞으로 닥칠 재난과 환란의 날들을
믿음으로 견뎌야 합니다.
어떤 핍박이 있어도,
우리의 생명을 잃는다고 할지라도,
우리는 끝까지 복음의 진리를 배반하지 않고
주님의 날까지 복음을 전파할 것입니다.

"거짓 선지자가 많이 일어나
많은 사람을 미혹하게 하겠으며
불법이 성하므로 많은 사람의 사랑이 식어지리라
그러나 끝까지 견디는 자는
구원을 얻으리라"(마 24:11-13).
아멘.

50 일간 성경통독 제33일 묵상
〈호세아 9 장~요엘~아모스 9 장 , 시편 70-73 편〉

이스라엘을 구원하시는 하나님

"이스라엘아 네 하나님 여호와께로 돌아 오라
네가 불의함을 인하여 엎드러졌느니라
너는 말씀을 가지고
여호와께로 돌아 와서 아뢰기를
모든 불의를 제하시고 선한 바를 받으소서
우리가 입술로 수송아지를 대신하여
주께 드리리이다
우리가 앗수르의 구원을 의지하지 아니하며
말을 타지 아니하며
다시는 우리의 손으로 지은 것을 향하여
너희는 우리 신이라 하지 아니하오리니
이는 고아가 주께로 말미암아
긍휼을 얻음이니이다 할찌니라
내가 저희의 패역을 고치고
즐거이 저희를 사랑하리니

나의 진노가 저에게서 떠났음이니라"(호 14:1-4).

이스라엘은 하나님의 공의한 규례를 버리고
불의와 사기(詐欺)를 일삼으며
우상숭배에 빠졌습니다.
그런 주제에 그들은 자기의 의에 배불렀습니다.

"에브라임이 말하기를 나는 실로 부자라
내가 재물을 얻었는데 무릇 나의 수고한 중에서
죄라 할 만한 불의를 발견할 자 없으리라
하거니와"(호 12:8).

그래서 하나님께서는 선지자 호세아를 통해서
이스라엘의 죄악을 지적하시며
그들의 멸망을 예고하시고
그들이 여호와께로 돌아오도록
간곡히 타이르셨습니다.

하나님께서는

"사람의 줄 곧 사랑의 줄"(호 11:4)로

인생들을 이끄시되 진리의 말씀으로 이끄십니다.

그런데 인생들은 자기의 생각을 더 옳게 여겨서

하나님의 말씀을 버리고 각기 제 길로 갔습니다.

하나님의 말씀 앞에서 자기의 생각을 꺾지 않고

자기 고집대로 행하는 것이 죄악입니다.

그러나 하나님은 자비하셔서

자기의 악을 깨닫고 전심으로 돌이키는 자를

불쌍히 여기시고 구원하십니다.

참된 회개는 스스로 악을 고치겠다고 고집하면서

이번만 용서해 달라고 나아가는 것이 아니라,

하나님의 말씀 앞에서 자기의 옳음을 꺾어버리고

"말씀을 가지고 여호와께 돌아가는 것"

(호 14:2)입니다.

"죄의 삯은 사망"(롬 6:23)입니다.
죄가 있으면 반드시 지옥에 갑니다.
그러나 대부분의 기독교인들은
자기의 의로 무화과 나뭇잎 옷을 지어서
부지런히 자기의 죄를 가리면서,
자기는 하나님을 올바로 믿고 있다고 자부합니다.

"내가 비록 죄는 있지만
그래도 예수님의 보혈을 이렇게 굳게 믿는데
하나님께서 나를 의롭다고 불러 주시겠지!" 하는
육신의 생각을 그들은 굳게 잡고 있습니다.

그러나 하나님은 죄인은 반드시 심판해서
지옥에 처넣으신다고 분명히 말씀하십니다.

**"진실로 네게 이르노니
네가 호리라도 남김이 없이 다 갚기 전에는
결단코 거기서 나오지 못하리라"**(마 5:26).

하나님을 경외하는 사람은
"하나님, 저는 지옥에 가야 할 죄인입니다.
저를 불쌍히 여겨 주십시오" 하고
하나님의 긍휼을 바라고 하나님께 나옵니다.

그렇게 진정으로 돌이킨 자들은
"물과 피로 임하신"(요일 5:6)
하나님의 아들 예수 그리스도를 만나서
진홍 같았던 모든 죄가 흰 눈같이 씻어집니다.

죄인(罪人)이 "물과 피의 복음"을 믿어서
모든 죄의 사함을 받고 의인(義人)이 되는 역사!
그것이 바로 거듭남의 축복입니다.

사람이 물과 성령으로 나지 아니하면
아무도 하나님의 나라를 볼 자가 없습니다.
그리고 모든 죄의 사함을 받은 의인들만이
성령을 선물로 받고(행 2:38)

하나님의 공의(公義)한 도를
자원함과 기쁨으로 행할 수 있습니다.

“누가 지혜가 있어 이런 일을 깨달으며
누가 총명이 있어 이런 일을 알겠느냐
여호와의 도는 정직하니
의인이라야 그 도에 행하리라
그러나 죄인은 그 도에 거쳐 넘어지리라”
(호 14:9).
아멘!

50 일간 성경통독 제34일 묵상
<오바댜~스바냐 3 장, 시편 74-80 편>

하나님은 야곱의 하나님입니다

"나는 야곱의 하나님을
영원히 선포하며 찬양하며
또 악인의 뿔을 다 베고
의인의 뿔은 높이 들리로다"(시 75:9-10).

하나님은 기사(奇事)를 베풀어서
구원의 도를 우리의 마음에 기록하여
주님의 거룩한 이름이
우리의 입술에 가깝게 하셨습니다.

"나 여호와가 말하노라
그러나 그 날 후에
내가 이스라엘 집에 세울 언약은 이러하니
곧 내가 나의 법을

그들의 속에 두며 그 마음에 기록하여
나는 그들의 하나님이 되고
그들은 내 백성이 될 것이라"(렘 31:33).

하나님께서 우주의 창조자인 당신의 외아들을
우리와 같은 육신으로 이 땅에 보내 주셨습니다.
흠 없는 제물로 오신 예수님은
받으신 세례로 인류의 모든 죄를 담당하시고
십자가의 피로 그 모든 죗값을 지불하셔서
우리의 죄를 흰 눈같이 도말(塗抹)해 주셨습니다.

"하나님이여 우리가 주께 감사하고 감사함은
주의 이름이 가까움이라
사람들이 주의 기사를 전파하나이다"(시 75:1).

"물과 피로 임하신 자"(요일 5:6) 예수님께서는
당신의 흠 없는 몸을 제물(祭物)로 삼아
"한 영원한 제사"(히 10:12)를 드려 주심으로

우리의 모든 죄를 완벽하게 없애셨습니다.
주께서 아버지의 뜻을 좇아 준행하신
"의의 한 행동"(롬 5:18)으로 인하여
믿는 우리는 값없이 의롭게 되었습니다.

"그런즉 한 범죄로
많은 사람이 정죄에 이른 것 같이
의의 한 행동으로 말미암아
많은 사람이 의롭다 하심을 받아
생명에 이르렀느니라"(롬 5:18).

이러한 축복은 자기의 부족함을 아는 자들에게,
즉 야곱의 믿음의 본을 좇는 자들에게 임합니다.
하나님은 에서의 하나님이 아니라,
연약하고 부족한 야곱의 하나님입니다.

하나님은 스스로 크다 자랑하는 자들,
자기 의의 뿔을 하나님의 의의 뿔보다

높이 드는 에서 족속(族屬)을 심판하십니다.
하나님은 야곱처럼
자기의 연약함과 부족함을 고백하고
오직 하나님의 의에 목말라하는 자를
구원의 샘으로 이끄십니다.

"리브가에게 이르시되
큰 자가 어린 자를 섬기리라 하셨나니
기록된바 내가 야곱은 사랑하고
에서는 미워하였다 하심과 같으니라"
(롬 9:12-13).

"큰 자가 어린 자를 섬기리라."
이 말씀이 구원의 대원칙(大原則)입니다.
예수님께서는 자기 의로 충만한 바리새인들에게
심판과 저주를 선포하셨습니다.

자기 의의 뿔을 자랑하며 높이 드는 이들은

진정으로 회개해야 합니다.
자기의 공로와 열심을 들고 하나님께 나오는
가인 족속(族屬)들은 두려워 떨어야 합니다.
공의로 심판하시는 주님께서
그들이 의지하는 뿔을 꺾으실 것입니다.

"내가 오만한 자더러 오만히 행치 말라 하며
행악자더러 뿔을 들지 말라 하였노니
너희 뿔을 높이 들지 말며
교만한 목으로 말하지 말찌어다
대저 높이는 일이
동에서나 서에서 말미암지 아니하며
남에서도 말미암지 아니하고
오직 재판장이신 하나님이 이를 낮추시고
저를 높이시느니라"(시 75:4-7).

하나님의 말씀에 자기의 생각을 섞고,
하나님의 의에 자기의 더러운 의를 섞어서

거들먹거리며 마시는 자들이 많습니다.

"여호와의 손에 잔이 있어
술 거품이 일어나는도다
속에 섞은 것이 가득한 그 잔을
하나님이 쏟아 내시나니
실로 그 찌끼까지도
땅의 모든 악인이 기울여 마시리로다"(시 75:8).

하나님의 의와 자신의 의를 뒤섞은 잔에
취한 이들은 애통하며 회개해야 합니다.

"양털과 베실로 섞어 짠 것을
입지 말지니라"(신 22:11).
거듭나지 못한 기독죄인들은
이 말씀을 새겨들어야 합니다.

50 일간 성경통독 제35일 묵상
〈학개 1 장~말라기 4 장, 시편 81-84 편〉

제발 성전 문을 닫았으면 좋겠다

"만군의 여호와가 이르노라
너희가 내 단 위에
헛되이 불 사르지 못하게 하기 위하여
너희 중에
성전 문을 닫을 자가 있었으면 좋겠도다
내가 너희를 기뻐하지 아니하며
너희 손으로 드리는 것을
받지도 아니하리라"(말 1:10).

말라기(Malachi) 선지자의 시대 상황이
오늘날 타락한 기독교의 영적 상태와 흡사합니다.
당시에 타락한 제사장들은 불법의 제사를 드리고
더러운 떡을 하나님께 드렸습니다.

하나님께서 열납(悅納)하시는 속죄 제사는
다음의 세 조건을 반드시 충족하여야 했습니다.
1. 흠 없는 희생(犧牲)의 제물,
2. 안수(按手)로 죄를 전가함,
3. 제물의 피(죽임)

그런데 말라기 선지자 시대의 제사장들은
흠 없고 살찐 제물은 뒤로 빼돌리고
저는 것, 눈먼 것, 병든 것으로 제물을 삼아
불법(不法)의 제사를 하나님께 드렸습니다.
또한 그들은 누룩 없는 무교병(無酵餅)이 아니라
온갖 잡물(雜物)을 섞어서 구운
더러운 떡을 하나님께 진설병으로 올렸습니다.

"그러나 너희는 말하기를
여호와의 상은 더러웠고
그 위에 있는 실과 곧 식물은
경멸히 여길 것이라 하여

내 이름을 더럽히는도다

만군의 여호와가 이르노라 너희가 또 말하기를

이 일이 얼마나 번폐스러운고 하며 코웃음하고

토색한 물건과 저는 것, 병든 것을 가져왔느니라

너희가 이같이 헌물을 가져오니

내가 그것을 너희 손에서 받겠느냐

여호와의 말이니라"(말 1:12-13).

여호와의 단(壇)에 드렸던 속죄의 제사는

"장차 올 좋은 일의 그림자"(히 10:1)였습니다.

예수님은 육신을 입고 오신

성자(聖子) 하나님이셨기에,

전 인류의 죄를 능히 담당할 수 있는

"흠 없는 제물"이었습니다.

예수님께서 인류의 대표자인 세례 요한에게

안수(按手)의 형식으로 세례를 받으심으로

"세상 죄를 지고 가는 하나님의 어린양"

(요 1:29)이 되셨습니다.

예수님은 십자가에 못 박혀서
"다 이루었다"라고 크게 외치시고
돌아가시기까지 온몸의 피를 쏟으심으로
우리의 모든 죗값을 완벽히 지불하셨습니다.

이 세 가지 증거,
즉 성령의 증거, 물의 증거, 피의 증거를
다 가지고 있는 복음이
유일한 진리의 원형복음(原形福音)입니다

"이는 물과 피로 임하신 자니
곧 예수 그리스도시라
물로만 아니요 물과 피로 임하셨고
증거하는 이는 성령이시니 성령은 진리니라
증거하는 이가 셋이니 성령과 물과 피라
또한 이 셋이 합하여 하나이니라"(요일 5:6-8).

말라기 선지자의 시대에 타락한 제사장들이
불법의 제사를 드리고 더러운 떡을 올린 것처럼,
오늘날에도 자칭(自稱) 하나님의 종들은
물의 증거를 빼버린 불법의 복음을 선포하고
입에 발린 말로 거짓 평안을 외치며
영혼들에게 더러운 떡을 나눠 주고 있습니다.

말라기(Malachi)의 시대에 탄식하시며
성전 문을 닫을 자를 찾으시던 하나님께서는
오늘날의 기독교 안에서 벌어지는 적폐를 보시며
동일한 탄식을 하십니다.
저들은 여호와의 이름을 빙자해서
영혼들을 수탈해서 왕궁 같은 예배당을 짓고
그 안에서 왕 노릇 하고 있지 않습니까?

거듭나지 못한 소경 목자들은 그런 주제에
거짓으로 지어낸 온갖 교리와 교설(巧說)로
하나님의 온전한 복음을 계시하는

구원의 단(壇)을 가리고 있습니다.

“너희가 이런 일도 행하나니
곧 눈물과 울음과 탄식으로
여호와의 단을 가리우게 하도다”(말 2:13).

눈물과 탄식으로 회개 기도를 드리면
마음의 죄가 흰 눈같이 씻어집니까?

눈물로 용서를 빈다고 죄가 씻어지지는 않습니다.
죄는 피로써만 정결케 됩니다.
“율법을 좇아 거의 모든 물건이
피로써 정결케 되나니
피흘림이 없은즉 사함이 없느니라”(히 9:22).

그들은 사단 마귀가 속여놓은 거짓 교리인
칭의론(稱義論)과 회개 기도의 교리로
하나님의 완전한 복음을 가리고 있습니다.

회개 기도의 교리는
개혁주의자들이 죄 문제를 해결하고자
가톨릭의 고백성사의 대체제(代替製)로
고안해 낸 종교적 장치입니다.

마음에 죄가 있는 기독죄인(基督罪人)들이
"그래도 죄를 지었으면 하나님께 잘못했다고
용서를 빌기라도 해야 하지 않겠나?" 하는
본능적인 생각으로 만든 교리가
회개 기도의 교리입니다.

솔직히 자신을 헤아려 보고 대답하십시오!
회개 기도를 드렸더니 정말 죄가 씻어집디까?

하나님은 마지막 때에
선지 엘리야를 메시아보다 앞서 보내셔서
주의 구원을 예비하게 하시겠다고
약속하셨습니다(말 4:5).

그 **"오기로 한 엘리야가 바로 세례 요한"**이라고
예수님은 증거하셨습니다(마 11:14).

오늘날의 기독죄인(基督罪人)들은
"여자의 몸에서 난 자 중에 가장 큰 자"이며
대제사장 아론의 직계 후손인 세례 요한에게
예수님께서 안수의 형식으로 받으신 세례가
세상의 모든 죄를 예수님께 전가(轉稼)시킨
"구원의 표"(벧전 3:21)인 줄을 믿지 않습니다.

진리의 복음을 믿어서 거듭난 의인들에게는
결코 정죄함이 없습니다(롬 8:1).
그러나 물과 피와 성령의 증거 중에서
물의 증거를 빼버린 불법의 복음을 믿는 이들은
결코 정죄함이 있습니다.

그들은 아무리 열성을 다해서 예수님을 믿어도
죄가 있는 기독죄인(基督罪人)일 뿐입니다.

그리고 **"죄의 삯은 사망"**(롬 6:23)입니다.

들을 귀가 있는 이들은
신사적으로 말씀을 듣고 상고(詳考)하여
하나님께서 가증하게 여기시는 불법의 제사를
더 이상 드리지 말아야 합니다.

50 일간 성경통독 제36일 묵상
〈마태복음 1 장~20 장, 시편 85-89 편〉

예수님께서 받으신 세례의 중요성

"이 때에 예수께서 갈릴리로서 요단강에 이르러
요한에게 세례를 받으려 하신대
요한이 말려 가로되
내가 당신에게 세례를 받아야 할 터인데
당신이 내게로 오시나이까
예수께서 대답하여 가라사대
이제 허락하라 우리가 이와 같이 하여
모든 의를 이루는 것이 합당하니라 하신대
이에 요한이 허락하는지라"(마 3: 13-15).

예수님은 육신을 입고 오신 성자 하나님입니다.
예수님은 30 살이 되셨을 때에
인류의 대표자(the representative of mankind),
즉 여자가 낳은 자 중에 가장 큰 자인(마 11:11)

세례 요한에게 안수(按手)의 형식으로
세례(洗禮)를 받으셨습니다.
예수님께서 세례 요한에게 받으신 세례는
4복음서에 공(共)히 기록된 중대한 사건입니다.

마가복음은 아예
"하나님의 아들 예수 그리스도
복음의 시작이라"(막 1:1)고 선포한 후에
세례 요한을 소개하고
예수님이 요한에게 세례를 받았다고 기록합니다.

예수님께서 세례 요한에게 받으신
"그 세례"(행 10:37)는 **"복음의 시작"**이고
주님의 공생애(公生涯)의 출발점이며
예수님께서 인류를 죄에서 구원하는데 있어서
절대 불가결(不可缺)한 사역입니다.

대부분의 기독교인들은

예수님께서 받으신 세례를
예수님의 "메시아 선포식"
또는 "겸손의 표양" 정도로 이해합니다.
그러나 성경은 성자 하나님이신 예수님께서
인류의 대표자인 세례 요한에게 받으신 세례가
인류 구원의 과정에서 **"모든 의를 이루기 위한"**
절대 불가결(不可缺)한 사역이었다고 선포합니다.

"예수께서 대답하여 가라사대
이제 허락하라 우리가 이와 같이 하여
모든 의를 이루는 것이 합당하니라 하신대
이에 요한이 허락하는지라"(마 3: 15).

하나님께서 열납(悅納)하시는 속죄 제사는
반드시 다음의 세 규례가 충족되어야 합니다.
1. 흠 없는 희생의 제물,
2. 안수(按手)로 죄를 제물에게 전가함,
3. 제물의 대속(代贖)의 피(죽임)

대속죄일의 제사는 모든 속죄 제사의 절정입니다.
그날에 대제사장 아론은 수송아지와 염소로
먼저 성막 안에서 드리는 제사들을 드렸습니다.
그리고 백성들의 1년 치 죄를 속량하기 위해서
성막 밖으로 나와서, 백성들이 모두 보는 가운데,
"아사셀" 염소로 마지막 제사를 드렸습니다.

"그 지성소와 회막과 단을 위하여
속죄하기를 마친 후에 산 염소를 드리되
아론은 두 손으로 산 염소의 머리에 안수하여
이스라엘 자손의 모든 불의와
그 범한 모든 죄를 고하고
그 죄를 염소의 머리에 두어
미리 정한 사람에게 맡겨 광야로 보낼찌니
염소가 그들의 모든 불의를 지고
무인지경에 이르거든
그는 그 염소를 광야에 놓을찌니라"
(레 16:20-22).

안수(按手)는 사람의 죄를
희생 제물에게 넘기는 공의(公義)한 법입니다.

매년 제 칠월 제 십일에
아론은 이스라엘 백성을 대표해서
흠 없는 아사셀 염소의 머리에 안수한 상태로
백성들이 지난 1년 동안 지은 죄를 고했습니다.
그때에 대제사장 아론의 어깨와 팔을 타고
이스라엘 백성 전체의 일 년 치 죄가
그 염소에게 온전히 넘어갔습니다.
그 염소는 백성들의 일 년 치 죄를 짊어지고
광야에 버려져서 죽었습니다.

대속죄일(大贖罪日)의 제사는
"장차 오는 좋은 일의 그림자"(히 10:1)였습니다.
그 제사의 예고편이 계시한 대로
예수님은 자기의 몸을 제물로 삼아
"한 영원한 제사"(히 10:12)를 드려 주셨습니다.

예수님께서 드리신 영원한 속죄의 제사를
성경은 다음의 세 가지 요소로 증거합니다.

1. (성령의 증거)
   예수님은 육신으로 오신 성자 하나님이므로
   전 인류의 죄를 담당할
   "흠 없는 합격 제물"입니다.
2. (물의 증거)
   예수님은 인류의 대표자인 세례 요한에게
   안수(按手)의 형식으로 세례를 받으심으로
   "세상 죄를 지고 가는 하나님의 어린양"
   (요 1:29)이 되셨습니다.
3. (피의 증거)
   예수님은 십자가에 못 박혀서
   "다 이루었다"(요 19:30)라고 외치시고
   돌아가시기까지 온몸의 피를 쏟으심으로
   우리의 모든 죄를 대속(代贖)하셨습니다.

이 세 가지 증거,

즉 성령의 증거, 물의 증거, 피의 증거를
다 가지고 있는 복음이 원형(原形)의 복음입니다.

구약의 속죄 제사에서, 안수(按手)를 하지 않고
제물을 잡아 제사를 드렸다면 불법 제사였듯이,
이 세 가지 증거 중에서 하나라도 빠진 복음은
유사(類似) 복음이며 불법(不法)의 복음입니다.
그런 것들로는 결코 죄 사함을 받을 수 없습니다.

"이는 물과 피로 임하신 자니
곧 예수 그리스도시라
물로만 아니요 물과 피로 임하셨고
증거하는 이는 성령이시니 성령은 진리니라
증거하는 이가 셋이니 성령과 물과 피라
또한 이 셋이 합하여 하나이니라"(요일 5:6-8).

예수님께서 드려 주신
완전하고 영원한 속죄의 제사를 믿으면

단번에 죄 사함을 받고 영원히 거룩하게 됩니다.

"이 뜻을 좇아 예수 그리스도의 몸을
단번에 드리심으로 말미암아
우리가 거룩함을 얻었노라"(히 10:10).
"저가 한 제물로 거룩하게 된 자들을
영원히 온전케 하셨느니라"(히 10:14).

온전한 진리의 복음, 즉
사도들이 주님께로부터 처음부터 받아서 전했던
원형(原形)의 복음에는
예수님께서 받으신 세례의 능력이 살아 있습니다.

화로의 다리는 세 개입니다.
정족지세(鼎足之勢)라는 말까지 있듯이,
세 개의 다리는 가장 안전한 구조입니다.
만일 그 다리 세 개 중에서 하나를 잘라 버리면
화롯불은 쏟아지고 큰 불이 일어납니다.

성령과 물과 피의 세 가지 증거 중에서
물의 증거를 잘라서 내버린 복음이
온전한 복음이겠습니까?

성령과 피의 증거만으로 구성된 유사 복음으로는
결코 죄 사함을 받고 거듭날 수 없습니다.
자기의 모든 죄가 예수님께로 넘어간
증거의 말씀이 없기 때문입니다.

지금 기독교인들이 마음에 죄가 그대로 있는
기독죄인(基督罪人)들로 남아 있는 이유는
진리의 원형(原形) 복음이 아닌
사이비 복음, 즉 "다른 복음"을 믿기 때문입니다.

오늘날의 기독교인들은 베뢰아 사람들처럼,
말씀이 그러한가 신사적으로 상고하고
돌이켜서 하나님의 말씀을 붙들어야 합니다.

"교리(敎理)"라고 불리는 낡은 부대는
기독죄인들이 육신의 생각으로 만든 것들입니다.
그런 낡은 가죽 부대에는
생명으로 역동하는 이 진리의 포도주를
결코 담을 수가 없습니다.

"새 포도주를 낡은 가죽 부대에 넣지 아니하나니
그렇게 하면 부대가 터져 포도주도 쏟아지고
부대도 버리게 됨이라
새 포도주는 새 부대에 넣어야
둘이 다 보전되느니라"(마 9:17).

기독죄인(基督罪人)들은
생명력 넘치는 새 포도주를 담기 위해서
교리(敎理)라는 이름의 낡은 가죽 부대를 버리고
"지식에까지 새롭게 하심"(골 3:10)을
받아야 합니다.

50 일간 성경통독 제37일 묵상
〈마태복음 21장~마가복음 16장 시편 90-93편〉

죽음을 앞두고 세워 주신 성찬례(聖餐禮)

"저희가 먹을 때에 예수께서 떡을 가지사
축복하시고 떼어 제자들에게 주시며 가라사대
받으라 이것이 내 몸이니라 하시고
또 잔을 가지사 사례하시고
저희에게 주시니 다 이를 마시매
가라사대 이것은 많은 사람을 위하여 흘리는 바
나의 피 곧 언약의 피니라"(막 14:22-24).

하나님 아버지께서는 그리스도 예수 안에서
모든 사람을 죄에서 구원하기로
"창세 전에"(엡 1:4) 작정하셨습니다.
그리고 때가 차매, 하나님 아버지께서는
당신의 외아들을 사람의 육신으로 보내셨습니다.
성육신(成肉身)하신 성자(聖子) 예수님은

“물과 피로 임”(요일 5:6)하셔서
우리의 모든 죄와 허물을
흰 눈같이 깨끗하게 도말(塗抹)하셨습니다.

“물은 예수 그리스도의 부활하심으로 말미암아
이제 너희를 구원하는 표니 곧 세례라”
(벧전 3:21)고 사도 베드로는 선포했습니다.
“물”은 예수님께서 요단강에서 받으신 세례인데
“그 세례”(행 10:37)가
우리 모든 인류의 구원의 표라는 뜻입니다.

흠 없는 제물로 오신 예수님은
요단강 물에서 인류의 대표자인 세례 요한에게
안수(按手)의 형식으로 세례를 받았습니다.
"그 세례"로 세상의 모든 죄가
예수님에게 단번에 넘어갔습니다.

성자(聖子) 예수님은

"물로만 아니요 물과 피로 임하셨"습니다.
예수님은 우리를 모든 죄에서 구원하시려고
물(받으신 세례)과 피(십자가의 피)로 임하셨고,
"예수님은 육신으로 오신 하나님의 아들"이라고
증거하시는 이는 성령님입니다.

예수님께서 모든 인류를
죄와 허물에서 온전히 구원하셨다고
"증거하는 이가 셋이니 성령과 물과 피라
또한 이 셋이 합하여 하나"(요일 5:8)입니다.
물과 피와 성령의 증거 중에서
어느 하나라도 배제(排除)된 복음은
"성경대로의 복음"(고전 15:3-4)이 아닙니다.

성자(聖子) 하나님께서
처녀 마리아의 태에서 사람의 육체를 입고
예수(구원자)라는 이름의 "흠 없는 제물"로
이 땅에 오셨습니다.

그리고 제사장이 기름부음을 받는 나이인
30 살이 되셨을 때에,
예수님은 요단강으로 나가셔서
인류의 대표자인 세례 요한에게
안수(按手)의 형식으로 세례를 받으셨습니다.

예수님은 받으신 **"그 세례"**(행 10:37)로
세상 죄를 단번에 담당하셨기에, 예수님은
"세상 죄를 지고 가는 하나님의 어린양"(요 1:29)이 되셨습니다.
그리고 십자가에 못 박혀서
대속(代贖)의 모든 피를 흘리시고
"다 이루었다"(요 19:30)라고 크게 외치신 후에
운명하셨습니다.
"이와 같이 하여" 예수님은
"모든 의"를 **"합당"**하게 이루셨습니다(마 3:15).

영(靈)이신 성자(聖子) 하나님께서

왜 우리와 같은 육체(肉體)로 오셔야 했습니까?
육체를 입고 오셔야만 그 몸에 안수를 받아서
세상의 모든 죄를 담당하시기 때문이었습니다.

따라서 신약에서 언급한 예수님의 몸, 살, 육체는
"흠 없는 제물"로 오셔서
당신의 몸에 안수의 형식으로 받으신 세례로
세상의 모든 죄를 담당하신 구원의 역사를
전제(前提)하고 계시하는 단어들입니다.

따라서 주님께서 성찬례(聖餐禮)를 세우시면서,
"내 살을 먹고"라고 말씀하셨는데, 그것은
"내가 받은 세례의 능력을 믿고"라는 뜻입니다.

보리떡 다섯 개와 물고기 두 마리로
오천 명을 먹이신 후에도,
주님께서는 원형(原形)의 복음을 선포하셨습니다.
"인자의 살을 먹지 아니하고

인자의 피를 마시지 아니하면

너희 속에 생명이 없느니라

내 살을 먹고 내 피를 마시는 자는

영생을 가졌고

마지막 날에 내가 그를 다시 살리리니

내 살은 참된 양식이요

내 피는 참된 음료로다"(요 6:53-55).

주님은 이제 우리에게 간곡히 당부하십니다.

"물과 피로 임하신"(요일 5:6) 당신을 믿으라고!

우리가 죄 사함을 받고 영생을 얻으려면,

예수님의 살을 먹어야 하고

주님의 피를 마셔야 합니다.

예수님께서 받으신 세례의 능력을 믿어야 하고

"다 이루었다"라고 외치시며 돌아가시기까지

흘리신 십자가 보혈의 능력도 믿어야 합니다.

누구든지 예수님께서 세례 요한에게 받으신
세례의 능력을 믿을 때에
자기 마음의 모든 죄가 뚝 끊어져서
예수님께로 넘어갔다는 사실을 믿기 때문에,
믿는 자는 **"마음에 할례"**(롬 2:29)를 받게 되고
"결코 정죄함이 없는 의인"(롬 8:1)이 됩니다.

"인자의 살을 먹지 아니하고
인자의 피를 마시지 아니하면
너희 속에 생명이 없느니라" 하신 말씀은
주님의 세례와 십자가를 "둘 다" 믿지 않으면
지옥에 떨어진다는 무서운 경고의 말씀입니다.

그런데 말입니다.
기독교인들은 주님의 살을 절대로 먹지 않겠다며
이를 악물고 버티고 있습니다.
피만 마셔도 영생(永生)을 얻는다고
주님께서 말씀하셨습니까?

주님의 피만 마셔서는 마음의 죄가
결코 흰 눈같이 씻어질 수가 없습니다.
예수님의 피만 마시는 오늘날의 기독교인들은
회개 기도 후에도 남아 있는 마음의 죄 때문에
괴로워하고 있지 않습니까?
그들은 **"눈물과 울음과 탄식으로**
여호와의 단을 가리우"(말 2:13)고 있습니다.

십자가의 피만 믿는 기독죄인(基督罪人)들은
천국의 영생에 결코 들어가지 못합니다.
누구든지 예수님의 세례와 십자가의 피를
둘 다 믿어야 의인(義人)으로 거듭납니다.

주님은 이러한 구원의 진리를
제자들의 마음에 깊이 새겨 놓으시려고
잡히시던 날 저녁, 최후의 만찬 자리에서,
유언(遺言)처럼 성찬의 예식을 세워 주셨습니다.

주님은 떡을 들어서 감사의 기도를 드리시고
떼어서 제자들에게 나눠 주시며
"받으라 이것이 내 몸이니라" 하시고
또 잔을 들어서 사례하시고 제자들에게 주시며
"이것은 많은 사람을 위하여 흘리는 바
나의 피 곧 언약의 피니라"(막 14:24) 하고
제자들이 받아 마시게 하셨습니다.

주님은 이 예식을 당신께서 다시 오실 때까지
지켜 준행하라고 당부하셨습니다(고전 11:26).

성찬(聖餐)의 예식은
성자 하나님께서 육신으로 임하셔서
인류의 대표자인 세례 요한에게
안수(按手)의 형식으로 받으신 세례로
우리의 모든 죄를 단번에 담당하셨다는 진리와
당신이 흘리실 십자가의 피로
세상의 모든 죄를 완벽하게 대속하셨다는 진리를

"반드시" 둘 다 믿어야 한다는
주님의 마지막 당부였습니다.

기독교인들이여!!!
왜 주님의 피만 마시고 있습니까?
왜 주님의 살(세례)은 마다하며
먹지 않으려고 결사적으로 발버둥을 칩니까?
그 결과가 어떻습니까?
여러분은 여전히 예수님을 믿는 죄인(罪人)으로
남아 있지 않습니까?

우리는 주님의 살과 피를 둘 다 먹어야 합니다.
그래야만 죄 사함을 받고
결코 정죄함이 없는 의인(義人)으로 거듭납니다.
그것이 하나님의 일을 하는 것입니다.
"예수께서 대답하여 가라사대
하나님의 보내신 자를 믿는 것이
하나님의 일이니라 하시니"(요 6:29).

50 일간 성경통독 제38일 묵상
〈누가복음 1~ 24 장, 시편 94-97 편〉

꼴찌들을 위한 복음, 누가복음

"예수께서 대답하여 가라사대
건강한 자에게는 의원이 쓸데 없고
병든 자에게라야 쓸데 있나니
내가 의인을 부르러 온 것이 아니요
죄인을 불러 회개시키러 왔노라"(눅 5:31-32).

"일등만 기억하는 더러운 세상"이라는 멘트로
우리 사회의 모습을 비판적으로 풍자했던
개그맨이 있었습니다.
세상 사람들은 일등만을 칭찬하고 기억합니다.

그러나 문제는 하나님의 나라인 교회,
즉 하나님께서 통치하시고
하나님의 말씀을 좇는다는 믿음의 세계에서까지

일등주의자들이 판을 치고 있다는 사실입니다.

일등주의자들이 판을 치는 믿음의 세계를
“종교(宗教)”라고 부릅니다
베데스다 못가에서 허황된 신화를 신봉하며
누구보다 먼저 연못에 뛰어들고자
눈 터지게 경쟁하는 일등주의자들의 세계!
그것이 바로 오늘날의 기독교의 실상입니다.

주님은 경쟁심으로 독이 오르고 눈알이 빨개진
일등주의자들에게는 눈길 한 번 주지 않으시고
아무 소망도 없이 저 구석에 홀로 누워 있었던
38년 된 병자만을 만나 주셨습니다.

주님은 여리고(세상)로 내려가는 길에서
죄의 떼강도들과 싸워서 거반 죽게 된 사람,
바리새인들 앞에서 주눅이 들어서
고개도 들지 못했던 세리와 창녀들,

자기의 의를 다 탕진해서 잃어버리고
유구무언의 심정으로 아버지께로 돌아왔던 자,
자기 의의 꼴찌인 둘째 아들을 만나 주십니다.

“내가 어려서부터 계명을 다 지켰나이다” 하며
자기의 의로 충만한 종교인들을
주님도 어떻게 인도할 방도가 없으셔서
“너도 가서 그와 같이 하라” 하시며
인간의 의가 더 깨지기까지 돌려보내십니다.

자기가 “꼴찌”인 줄 정직하게 인정하는 자들만이
진리의 복음으로 죄 사함을 받고 거듭나서
하나님의 자녀가 됩니다.
그렇게 하나님의 은혜를 입은 의인들이 모여서
하나님의 교회를 이룹니다.
비록 그들은 적은 무리이지만,
주님의 지극한 사랑을 받고 있습니다.

"적은 무리여 무서워 말라
너희 아버지께서 그 나라를 너희에게 주시기를
기뻐하시느니라"(눅 12:32).

누가복음은 꼴찌들의 복음이며
소자(小子)들의 복음입니다.
아직도 일등주의(一等主義)의 망상에 사로잡혀서
못의 물이 동(動)하기만을 학수고대하며
헛된 신화의 늪에서 헤어나지 못하는 분들은
주님께서 십자가를 지고 가시면서
고난 중에 하신 말씀을 곱씹어 보고
자기의 비참한 꼬락서니를 알아야 합니다.

"예루살렘의 딸들아
나를 위하여 울지 말고
너희와 너희 자녀를 위하여 울라"(눅 23:28).

50 일간 성경통독 제39일 묵상
〈요한복음 1~21 장, 시편 98-101 편〉

거듭남의 복음, 요한복음

"예수께서 대답하여 가라사대
진실로 진실로 네게 이르노니
사람이 거듭나지 아니하면
하나님 나라를 볼 수 없느니라
니고데모가 가로되
사람이 늙으면 어떻게 날 수 있삽나이까
두번째 모태에 들어갔다가 날 수 있삽나이까
예수께서 대답하시되
진실로 진실로 네게 이르노니
사람이 물과 성령으로 나지 아니하면
하나님 나라에 들어갈 수 없느니라"(요 3:3-5).

요한복음의 Keyword 는 거듭남입니다.
요한복음은, 사람이 어떻게 죄 사함을 받고

거듭나서 영생을 얻는지에 대해서,
각 장(章)마다 구체적인 사례를 들어가며
소상하게 가르쳐 주십니다.

사람이 거듭나지 아니하면
천국의 영생에 들어가지 못합니다.
그러니 우리에게 "거듭나는 것"보다
더 중요한 일은 없습니다.
그런데도 "당신은 거듭났습니까?" 혹은
"사람이 어떻게 하면 거듭날 수 있습니까?"라는
질문은 기독교인들에게 금기어가 되어 있습니다.

왜 그런 질문을 회피하고 두려워할까요?
그것은 대부분의 기독교인들이
거듭나지 못했기 때문입니다.
심지어 "물과 성령으로 거듭나지" 못한 이들이
거듭난 척하며 선생질을 하고 있기 때문입니다.

"바람이 임의로 불매 네가 그 소리를 들어도
어디서 오며 어디로 가는지 알지 못하나니
성령으로 난 사람은 다 이러하니라"(요 3:8).
영적인 소경들이 어떻게 심오한 영적인 말씀과
거듭난 의인들의 세계를 이해할 수 있겠습니까?

"거듭난다"(being born-again)
즉 **"물과 성령으로 난다"**라는 말씀에서
"물"은 광의로 "하나님의 말씀"을 지칭합니다.
"너희가 거듭난 것이
썩어질 씨로 된 것이 아니요
썩지 아니할 씨로 된 것이니
하나님의 살아 있고 항상 있는
말씀으로 되었느니라"(벧전 1:23).

그러나 **"물"**을 더 구체적으로 특정(特定)하자면,
"물"은 하나님께서 우리를 모든 죄에서 구원한
"진리의 복음"입니다.

그리고 진리의 복음이 온전히 농축된 사건은
예수님께서 요단강 물에서
인류의 대표자인 세례 요한에게
안수(按手)의 형식으로 받으신 **"그 세례"**입니다.

안수(按手)는 죄를 제물에게 넘기는
하나님의 공의한 규례(레 16:21)입니다.
안수의 형식으로 받으신
"그 세례"(the Baptism, **행** 10:37)로
세상 죄를 담당하신 예수님은
안수를 받은 그 상태로 물에 잠기셨다가
물에서 다시 올라오셨습니다.

그때에 예수님께서 물에 잠기신 것은
장차 주님이 십자가에서 돌아가실 것을,
물에서 다시 올라오신 것은
장차 주님이 죽음에서 부활하실 것을 계시합니다.

따라서 예수님께서 요한에게 받으신 세례는
"복음의 시작"(막 1:1)이며
전 인류를 모든 죄에서 구원하신
대속의 역사를 모두 함축(含蓄)한 사역입니다.

그래서 사도 베드로는
예수님께서 받으신 세례가 바로 **"물"**이며
"그 세례"는 인류를 모든 죄에서 건지신
"구원의 표"라고 선포했습니다.

"물은 예수 그리스도의 부활하심으로 말미암아
이제 너희를 구원하는 표니 곧 세례라
육체의 더러운 것을 제하여 버림이 아니요
오직 선한 양심이 하나님을 향하여
찾아가는 것이라"(벧전 3:21).

"거듭난다"라는 말씀은
죄인이 하나님의 은혜로 의인이 되는 역사입니다.

그것은 죄인(罪人)이 진리의 복음을 믿어서
마음에 흰 눈같이 죄 사함을 받고
의인(義人)으로 변화되는 놀라운 역사입니다.

마치 굼벵이가
하나님의 놀라운 역사로 매미로 변화되듯,
마음에 죄가 있는 죄인이
물(진리의 복음)로 모든 죄가 깨끗이 씻어져서
죄가 전혀 없는 의인으로 재창조되는 역사가
곧 "거듭남"(Being born-again)입니다.

"이는 곧 물로 씻어
말씀으로 깨끗하게 하사 거룩하게 하시고
자기 앞에 영광스러운 교회로 세우사
티나 주름잡힌 것이나 이런 것들이 없이
거룩하고 흠이 없게 하려 하심이니라"
(엡 5:26-27).

"나더러 주여 주여 하는 자마다
천국에 다 들어갈 것이 아니요
다만 하늘에 계신 내 아버지의 뜻대로
행하는 자라야 들어가리라"(마 7:21).

"내 아버지의 뜻"은 우리가
당신의 외아들이 **"물과 피"**로 임해서 완성한
하나님의 의(롬 1:17)를 믿음으로
흰 눈같이 마음에 죄 사함을 받고 거듭나서
하나님의 자녀가 되게 하는 것입니다.

누구든지 주의 이름을 부르기만 하면
천국에 들어갑니까?
마음에 죄가 있는 기독죄인(基督罪人)들은
아무리 주의 이름을 불러도
지옥의 판결을 피할 수 없습니다.

죄인을 거듭나게 하는 유일한 진리의 복음은

"성령과 물과 피가 합하여 하나"(요일 5:8)인
원형(原形)의 복음입니다.

구약의 속죄 제사는
반드시 다음의 세 조건이 충족되어야 했습니다.
1. 흠 없는 희생의 제물,
2. 안수(죄를 전가함)
3. 피(제물의 대속의 죽음)

성자 예수님께서 **"이 뜻을 좇아"**(히 10:10)
당신의 몸을 대속의 제물로 삼아
"한 영원한 제사"(히 10:12)를 드려 주셨다고
증거하는 이가 성령과 물과 피입니다.

1. 예수님은 육신으로 오신 성자 하나님이므로
전 인류의 죄를 담당할 수 있는
"흠 없는 합격 제물"입니다 (**성령의 증거**).
2. 예수님은 인류의 대표자인 세례 요한에게

안수(按手)의 형식으로 세례를 받으심으로
"세상 죄를 지고 가는 하나님의 어린양"
(요 1:29)이 되셨습니다(**물의 증거**).
3. 예수님은 십자가에 못 박혀서
"다 이루었다"라고 외치시고 돌아가시기까지
온몸의 피를 쏟으심으로 우리의 모든 죄를
흰 눈같이 깨끗하게 대속하셨습니다(**피의 증거**).

이 세 가지 증거,
즉 성령의 증거, 물의 증거, 피의 증거를
다 가지고 있는 복음만이 원형(原形)의 복음이며
유일한 진리의 복음입니다.
이 세 증거 중에서 하나라도 빠진 복음은
결코 죄 사함을 베풀 수 없는 불법의 복음입니다.

"이는 물과 피로 임하신 자니
곧 예수 그리스도시라
물로만 아니요 물과 피로 임하셨고

증거하는 이는 성령이시니 성령은 진리니라
증거하는 이가 셋이니 성령과 물과 피라
또한 이 셋이 합하여 하나이니라"(요일 5:6-8).

우리의 마음에서 모든 죄를 끊어내서
마음에 할례를 받게 하는 능력의 복음은
성령과 물과 피의 세 증거를 다 가지고 있는
원형(原形)의 복음(the Original Gospel)뿐입니다.

거듭난 의인들은 원형의 복음을
"물과 피와 성령의 복음," "물과 피의 복음,"
또는 "물과 성령의 복음"이라고 부릅니다.
"물과 피의 복음"만이 진리입니다.
이 복음만이 진리라고 증거하는 말씀들은
성경에 가득합니다.

"내 살을 먹고 내 피를 마시는 자마다
영생을 얻는다"라고 하신 말씀이나,

당신의 몸과 피를 영원토록 기억하라며
세워 주신 성찬(聖餐)의 예식도,
우리가 예수님의 세례와 십자가의 피의 능력을
둘 다 믿어야 영생을 얻는다는 말씀입니다.

예수님께서 십자가 위에서 돌아가셨을 때에
군병의 창에 찔린 예수님의 옆구리에서
"물과 피"가 따로 흐른 이적(異蹟)이 있었습니다.
주님은 당신의 시신(屍身)으로라도
"물과 피의 복음"이 성경대로의 복음인 것을
한 번 더 확증(確證)해 주셨습니다.
"그 중 한 군병이 창으로 옆구리를 찌르니
곧 피와 물이 나오더라
이를 본 자가 증거하였으니 그 증거가 참이라
저가 자기의 말하는 것이 참인 줄 알고
너희로 믿게 하려 함이니라"(요 19:34-35).

우리는 예수님께서 드려 주신

영원한 속죄의 제사를 믿어서
영원히 거룩하게 되었습니다.
"이 뜻을 좇아 예수 그리스도의 몸을
단번에 드리심으로 말미암아
우리가 거룩함을 얻었노라"(히 10:10).

마음에 죄가 있는 기독죄인(基督罪人)들은
십자가의 피만을 고백하는 불법(不法)의 복음,
반쪽짜리 유사(類似) 복음의 덫에서 벗어나서
진리의 원형복음(原形福音)을 믿어서
의인(義人)으로 거듭나야 합니다.
그래야만 **죄와 상관없는 자**(히 9:28)가 되어
재림의 주님을 기쁨으로 맞을 수 있습니다.

그런데 말입니다.
이토록 간절하게 진리의 말씀으로 권면해도
대부분의 기독죄인들은 **"물"**을 믿지 않습니다.
그런 이들은 끝까지 자기의 옳음을 주장하며

기독죄인(基督罪人)의 노선을 고집합니다.

왜 그들이 결사적으로 진리를 거부할까요?

그들에게는 하나님을 경외하는 마음이 없기 때문입니다.

"하나님께 속한 자는 하나님의 말씀을 듣나니
너희가 듣지 아니함은
하나님께 속하지 아니하였음이로다"(요 8:47).

사람이 물과 성령으로 나지 아니하면
결단코 천국의 영생(永生)에 들어가지 못하고
오히려 지옥의 영벌(永罰)에 들어갑니다.

"죄의 삯은 사망"(롬 6:23)입니다.
기독죄인(基督罪人)들이여!
제발 자기의 비참한 상태를 깨닫고
성경대로의 복음으로 거듭나기를 바랍니다.

50 일간 성경통독 제40일 묵상
〈사도행전 1~20 장, 시편 102-105 편〉

너희가 믿을 때에 성령을 받았느냐?

"저희가 이 말을 듣고 마음에 찔려
베드로와 다른 사도들에게 물어 가로되
형제들아 우리가 어찌할꼬 하거늘
베드로가 가로되 너희가 회개하여
각각 예수 그리스도의 이름으로 세례를 받고
죄 사함을 얻으라
그리하면 성령을 선물로 받으리니"(행 2:37-38).

사도행전은 성령(聖靈)의 행전입니다.
사도행전은 하나님의 일꾼들이
복음을 전파한 행적(行跡)을 기록하고 있으나
실상 사도행전은 그들 안에 오셔서 역사하신
성령님의 사역을 기록한 책입니다.
죄 사함을 받고 성령을 선물로 받은

사도들과 제자들은 성령의 인도하심을 따라
어떠한 어려움과 위험 중에서도
진리의 복음을 담대하게 전했습니다.

죄 사함을 받고 성령을 선물로 받은 이들이라야
거룩한 하나님의 자녀이며,
사도행전의 29장을 이어 써 내려갈
하나님의 일꾼들입니다.

많은 사람들이 성령님을 받았다고 간증합니다.
어떤 이는 금식 기도 중에 온몸이 뜨거워지더니
방언이 터지면서 성령을 받았다고 간증합니다.
어떤 이는 어느 심령부흥대성회에 갔더니
강사 목사님이 안수하면서 방언 연습을 시켰는데
그를 따라서 "랄랄랄라 알랄랄라~" 하다가
혀가 확 꼬이면서 방언을 받았으니
자기는 성령을 받은 것이 확실하다고 간증합니다.

기독교가 예수 무당들의 난장판이 되었습니다.
그러나 성경은 누구든지 진리의 복음을 믿어서
죄 사함을 받고 거듭나야
성령을 선물로 받는다고 말씀합니다.

"베드로가 가로되 너희가 회개하여
각각 예수 그리스도의 이름으로 세례를 받고
죄 사함을 얻으라
그리하면 성령을 선물로 받으리니"(행 2:38).

성령님은 거룩하신 하나님입니다.
죄가 있는 기독죄인(基督罪人)들의 마음에는
성령님께서 결코 임하시지 않습니다.

성령님을 받고 하나님의 자녀가 되려면
반드시 흰 눈같이 죄 사함을 받아야 합니다.
그리고 죄 사함을 받으려면, 먼저 진정으로
"자기가 지옥에 갈 자"라고 회개해야 합니다.

참된 회개란,
"하나님, 저는 지옥에 가야 마땅한 죄인입니다.
저를 영원한 사망의 지옥에서 구원해 주십시오"
하고 자기의 죄를 자백하고
하나님의 긍휼을 간절히 바라며
하나님께로 돌아오는 것입니다.

하나님께서는 진정으로 회개한 이들에게
"예수 그리스도의 이름" 안에 있는
진리의 복음을 주셔서 죄 사함을 받게 하십니다.

성경대로의 복음(고전 15:3-4)은
"성령과 물과 피가 합하여 하나"(요일 5:8)인
원형(原形)의 복음입니다.
성령의 증거, 물의 증거, 피의 증거를
다 가진 원형의 복음만이
모든 죄를 흰 눈처럼 씻어 주는 진리입니다.

예수님의 세례의 능력과 십자가의 보혈의 능력을
둘 다 믿어서 죄 사함을 받고 거듭난 의인들이
자신이 거듭났다는 믿음의 표로 행하는 예식이
"성도(聖徒)의 세례"입니다.

물과 피의 복음을 믿어서 거듭난 의인들은
예수님께서 인류의 대표자에게
안수의 형식으로 받으신 세례(洗禮)가
자기의 모든 죄를 담당하신 사역이라고 믿습니다.
그래서 자기들도 같은 모습으로 세례를 받으며
진리의 복음을 믿음으로 고백하고 확증합니다.
즉, 거듭난 성도들이 받는 세례(洗禮)의 예식은
예수님의 세례와 십자가의 피를 믿는 믿음을
자기의 몸으로 고백하는 신앙고백입니다.

에티오피아 간다게 여왕의 국고 맡은 내시나,
두아디라의 자주 장사 루디아나
빌립보 감옥 간수장의 가족들이(행 16: 15, 33),

그리고 요한의 세례만 알았던
에베소의 12 명 제자들(행 19:5)은 모두
"물과 피의 복음"을 믿는다고 고백한 후에
"예수 그리스도의 이름으로" 세례를 받았습니다.
또한 **"수다한 고린도 사람도 듣고 믿어
세례를 받"**(행 18:8)았습니다.

**"너희가 회개하여
각각 예수 그리스도의 이름으로 세례를 받고
죄 사함을 얻으라
그리하면 성령을 선물로 받으리니"**(행 2:38).

"누구든지 그리스도와 합하여 세례를 받은 자는 그리스도로 옷 입었느니라"(갈 3:27).
예수님께서 받으신 세례의 능력을 믿고
그 믿음의 고백으로 세례를 받은 자는
마음에 흰 눈같이 죄 사함을 받고
결코 정죄함이 없는 의인으로 거듭납니다.

"물과 피의 복음"을 믿어서 거듭난 의인들은
자기들의 거룩해진 마음에
거룩한 성령님을 선물로 받았습니다.

그래서 그들은 하나님의 교회 안에서
성령님의 깨닫게 하심과 인도하심으로
안식을 누리며 믿음의 큰 나무로 자라게 됩니다.
"우리가 이 보배를 질그릇에 가졌으니
이는 능력의 심히 큰 것이 하나님께 있고
우리에게 있지 아니함을 알게 하려 함이라"
(고후 4:7).
아멘!

50 일간 성경통독 제41일 묵상
〈사도행전 21~로마서 16장, 시편 106- 109편〉

결코 정죄함이 없는 구원

"그러므로 이제
그리스도 예수 안에 있는 자에게는
결코 정죄함이 없나니
이는 그리스도 예수 안에 있는
생명의 성령의 법이
죄와 사망의 법에서 너를 해방하였음이라
율법이 육신으로 말미암아 연약하여
할 수 없는 그것을
하나님은 하시나니 곧 죄를 인하여
자기 아들을 죄 있는 육신의 모양으로 보내어
육신에 죄를 정하사 육신을 좇지 않고
그 영을 좇아 행하는 우리에게
율법의 요구를 이루어지게 하려 하심이니라
육신을 좇는 자는 육신의 일을,
영을 좇는 자는 영의 일을 생각하나니

육신의 생각은 사망이요

영의 생각은 생명과 평안이니라"(롬 8:1-6).

"물과 피로 임하신"(요일 5:6)

성자(聖子) 예수 그리스도 안에 거하는 자는

모든 죄와 허물이 흰 눈처럼 씻어져서

결코 정죄함이 없는 의인(義人)들이 되었습니다.

우리가 그 큰 은혜를 입게 된 것은 전적으로

예수님께서 우리의 죄를 대속하려고 드려 주신

"한 영원한 제사"(히 10:12) 덕분입니다.

예수님께서는 인류의 죄를 대속(代贖)하시려고

흠 없는 제물로 이 땅에 오셨습니다.

그리고 주님은 인류의 대표자인 세례 요한에게

안수(按手)의 형식으로 세례를 받으심으로

세상 죄를 당신의 몸에 온전히 담당하셨습니다.

예수님께서는 요한에게 받으신 세례로

"세상 죄를 지고 가는
하나님의 어린양"(요 1:29)이 되셨고,
우리의 죄를 짊어지신 채 십자가에 못 박혀서
피를 흘리시고 **"다 이루었다"**(요 19:30)라고
크게 외치신 후에 돌아가셨습니다.

성자(聖子) 하나님이 육신을 입고
예수라는 이름의 구원자로 오셔서
인류의 모든 죄와 허물을
실제로 완벽하게 없애 주셨습니다.

세례를 받으실 때에,
"우리가 이와 같이하여 모든 의를 이루는 것이
합당하니라"(마 3:15)고 요한에게 말씀하신
예수님께서 인류를 죄에서 온전히 구원하시고
"모든 의"를 이루셨다고 성경은 증거합니다.

"증거하는 이가 셋이니 성령과 물과 피라

또한 이 셋이 합하여 하나이니라”(요일 5:8).
물과 피와 성령의 증거를 다 가지고 있는
“성경대로의 복음”(고전 15:3-4)을 믿는 자는
모든 죄의 사함을 받고 결코 정죄함이 없습니다.
믿음으로 거듭난 이들은 거룩한 의인이 되어
“생명의 성령의 법” 아래 거하기 때문입니다.

그러나 대부분의 기독교인들은
진리의 원형복음을 구성하는 세 증거 중에서
“물(예수님의 세례)의 증거”를 믿지 않습니다.
그들은 자기의 모든 죄가 예수님께로 넘어간
증거의 말씀을 믿지 않기에,
그들의 마음에는 **“결코 정죄함”**이 있습니다.

예수님을 열심으로 믿기는 하지만
“결코 정죄함이” 있는 기독죄인(基督罪人)들은
여전히 **“죄와 사망의 법”** 아래서 신음합니다.
그들은 **“생명의 성령의 법”**인 진리의 복음을

알지 못하기 때문에
"나는 구원받은 죄인입니다"라고 고백합니다.
"구원받은 죄인"이라는 말은
어불성설(語不成說)이며 거짓말입니다.
그 말은 "나는 바다에서 건져졌지만
여전히 바닷물에 빠져 있다"라는 말과 같습니다.

그들은 **"그리스도 예수 안에 있는 자에게는
결코 정죄함이 없다"**라는 성경의 말씀과는 달리
자기의 마음에 죄가 있는 상태를 합리화시키려고
"칭의론(稱義論)"이라는 교리를 신봉합니다.

칭의론은 "내 마음에 죄는 있지만
내가 예수님의 보혈을 믿으니 하나님께서 나를
의롭다고 불러 주신다"라는 주장입니다.
과연 공의(公義)하신 하나님께서
죄가 있는 자를 의롭다고 불러 주실까요?
천만의 말씀입니다.

"율법이 육신으로 말미암아 연약하여
할 수 없는 그것을 하나님은 하시나니
곧 죄를 인하여
자기 아들을 죄 있는 육신의 모양으로 보내어
육신에 죄를 정하사
육신을 좇지 않고 그 영을 좇아 행하는 우리에게
율법의 요구를 이루어지게 하려 하심이니라"
(롬 8:3-4).

율법의 요구하는 바는 우리의 "거룩함"입니다.
누구든지 천국 영생에 들어가려면 거룩해야,
즉 죄가 없어야 합니다.

그런데 우리의 육신은 연약하므로
스스로는 결코 "거룩함"을 이룰 수 없습니다.
우리가 도저히 이룰 수 없는 그것,
즉 죄가 전혀 없는 거룩한 의인이 되는 축복을
하나님께서 일방적으로 이루어 주셨습니다.

어떻게 우리에게 "거룩함"을 이루어 주셨습니까?
우리를 불쌍히 여기신 하나님께서
예수님의 **"육신에 (우리 모두의) 죄를 정하사"**
우리는 값없이 거룩함을 얻게 하셨습니다.

하나님께서는 당신의 외아들을
"죄 있는 육신의 모양으로 보내어"
인류의 대표자인 세례 요한에게
안수의 형식으로 세례를 받게 하심으로
예수님의 **"육신에 죄를 정하사"**(롬 8:3)
우리를 단번에 영원토록 거룩하게 하셨습니다.
그래서 **"물과 피로 임하신"** 예수님을 믿는 자들에게 율법의 요구인 **거룩함**을 이루어 주셨습니다.

그러나 아직도 육신의 생각을 좇아
예수님을 믿는 이들이 많습니다.
당신의 마음에 "결코 정죄함이" 있다면,
당신은 육신의 생각을 좇아

예수님을 믿고 있는 자임을 알아야 합니다.

“육신의 생각은 사망이요
영의 생각은 생명과 평안이니라”(롬 8:6).
“예수님을 믿어도 죄가 있는 것이 맞다”라고
끝까지 자기의 생각을 고집하면 지옥에 갑니다.
그러나 자기의 고집을 버리고
“생명의 성령의 법”을 좇으면
영생의 천국에 들어갑니다.

여러분은 제발 자기의 생각을 부인하십시오.
그리고 **“생명의 성령의 법”**(롬 8:2)인
진리의 원형복음(原形福音)을 믿으십시오.
“다만 네 고집과 회개치 아니한 마음을 따라
진노의 날 곧 하나님의 의로우신 판단이
나타나는 그 날에 임할 진노를 네게 쌓는도다”
(롬 2:5).
여러분은 이 경고의 말씀에 유념하기 바랍니다.

50 일간 성경통독 제42일 묵상

〈고린도전서 1~ 16 장, 시편 110- 114 편〉

하나님의 사랑은 진리의 사랑입니다

"내가 사람의 방언과 천사의 말을 할찌라도
사랑이 없으면
소리나는 구리와 울리는 꽹과리가 되고
내가 예언하는 능이 있어
모든 비밀과 모든 지식을 알고
또 산을 옮길 만한 모든 믿음이 있을찌라도
사랑이 없으면 내가 아무 것도 아니요
내가 내게 있는 모든 것으로 구제하고
또 내 몸을 불사르게 내어 줄찌라도
사랑이 없으면 내게 아무 유익이 없느니라
…….
그런즉 믿음, 소망, 사랑,
이 세 가지는 항상 있을 것인데
그 중에 제일은 사랑이라"(고전 13:1-3,13).

기독교인들은 고린도전서 13장을
"사랑장(章)"이라고 부르며 좋아합니다.
웬만하면 이 말씀 한 장을 암송하기도 합니다.
그리고 목사님들은 이 말씀을 인용하면서,
만일 우리가 이웃을 진정으로 사랑하지 않으면
우리의 믿음은 아무것도 아니라고 가르칩니다.

그런데 말입니다.
고린도전서 13장뿐만 아니라,
성경 전체가 말씀하는 "사랑"은
육신적인 희생과 나눔의 사랑이 아닙니다.

본문에서 언급된 사랑이
구제나 봉사나 희생이나 계몽사업처럼
타인의 육신적인 필요만 채워 주는 사랑이었다면,
"내가 내게 있는 모든 것으로 구제하고
또 내 몸을 불사르게 내어 줄찌라도
사랑이 없으면 내게 아무 유익이 없느니라"

(고전 13:3)고 하신 말씀에서,
**"내가 내게 있는 모든 것으로 구제하고
또 내 몸을 불사르게 내어"** 주는 사랑보다
더 큰 사랑이 있겠습니까?

따라서 성경에서 말씀하신 "사랑"은
육신적인 사랑이 아니라는 것이 분명합니다.

성경이 말씀하는 사랑,
즉 주님께서 기뻐하시는 사랑은
육신적인 사랑이 아니라 영적인 사랑이며
"진리의 사랑"(살후 2:10)입니다.
하나님의 사랑은 진리의 복음 안에 나타난
영적인 사랑이며 구원의 사랑입니다.

만일 우리가 감당 못할 희생을 치르면서
소외되고 결핍된 이들을 돌본다고 하더라도
우리가 그들에게 천국의 영생을 얻게 하는

진리의 사랑을 베풀지 않는다면,
우리의 헌신적인 사랑은 아무것도 아닙니다.
즉 우리가 죄인들에게 구원의 복음을 전해서
그들을 영생으로 인도하지 못한다면
우리의 육신적인 사랑은 별로 의미가 없습니다.

"만일 소경이 소경을 인도하면
둘이 다 구덩이에 빠지리라"라고 말씀하셨습니다.
그런데 말입니다.
"진리의 사랑"을 알지 못하는 영적 소경들이
다른 이들에게 어찌 구원의 사랑을 베풀겠습니까?
다른 이들에게 **"진리의 사랑"**을 베풀려면,
먼저 자기 자신이 진리의 사랑을 입어서
영의 눈을 뜨고 거듭나야 합니다.

"거듭난다"라는 것은
지옥에 갈 죄인(罪人)이 진리의 복음을 믿어서
"죄 사함으로 말미암는 구원"(눅 1:77)을 받고 의인(義人)으로 변화되는 역사입니다.

마치 굼벵이가 변해서 매미가 되듯,
거듭남이란,
죄인(罪人)이 **“물과 피로 임하신”(요일 5:6)**
예수님의 복음을 믿어서 하나님의 의를 옷 입고
죄가 전혀 없는 의인(義人)으로
재창조(再創造)되는 역사입니다.

우리를 거듭나게 하는 유일한 진리의 복음은
성령의 증거, 물의 증거, 피의 증거가
“합하여 하나”(요일 5:8)인 원형의 복음뿐입니다.
물과 피와 성령의 증거가 있는 복음 안에는
하나님의 진리와 사랑이 충만합니다.

이 진리의 원형복음(原形福音)을 믿는 이들은
하나님의 구원의 사랑이
가장 크고 영원한 사랑임을 잘 압니다.

예수님께서 잡히시던 날 밤에
제자들에게 유언처럼 말씀하셨습니다:
"새 계명을 너희에게 주노니 서로 사랑하라
내가 너희를 사랑한 것 같이
너희도 서로 사랑하라"(요 13:34).
이 말씀에서의 사랑도
"진리의 사랑"이며 영적(靈的)인 사랑입니다.

진리의 사랑을 행하는 의인들은
물론 필요하면 육신적으로도 사랑을 베풉니다.
그러나 사람을 의인으로 거듭나게 하는
진리의 사랑을 모르는 기독죄인(基督罪人)들은
진리의 사랑을 행하고 싶어도 할 수가 없습니다.
자기 안에 진리의 사랑이 없기 때문입니다.
그래서 그들은 육신적인 사랑에만 몰두합니다.

"그런즉 믿음, 소망, 사랑,
이 세 가지는 항상 있을 것인데

그 중에 제일은 사랑이라"(고전 13:13).

하나님께서 주시는 가장 귀한 은사(선물)는
"진리의 사랑"입니다.
이 사랑은 진리의 복음을 믿어서
거듭난 의인(義人)들에게 입혀 주시는
하나님의 값진 선물입니다.

아직 **"진리의 사랑"**이 무엇인지 모르는 이들은
"물과 피와 성령의 증거가 합하여 하나"인
성경대로의 복음, 즉 원형(原形)의 복음을 믿어서
그 복음 안에 충만한 **진리의 사랑**을
마음껏 얻어 누리시기를 바랍니다.

**"악한 자의 임함은 사단의 역사를 따라
모든 능력과 표적과 거짓 기적과
불의의 모든 속임으로
멸망하는 자들에게 임하리니**

이는 저희가 진리의 사랑을 받지 아니하여
구원함을 얻지 못함이니라"(살후 2:9-10).

사단 마귀는 거짓 기적과 속임으로
또 혼잡(混雜)하게 만든 인간의 교훈으로
기독죄인들이 **"죄 사함으로 말미암는 구원"**
(눅 1:77)을 받지 못하도록 끈질기게 훼방합니다.

"악을 행하는 자마다 빛을 미워하여
빛으로 오지 아니하나니
이는 그 행위가 드러날까 함이요
진리를 좇는 자는 빛으로 오나니
이는 그 행위가 하나님 안에서 행한 것임을
나타내려 함이라 하시니라"(요 3:20-21).
심령이 정직하고 가난한 이들은
하나님의 의로우심과 선하심을 믿기에
진리의 사랑을 찾아 나와서 죄 사함을 받고
빛의 자녀로 거듭납니다.

50 일간 성경통독 제43일 묵상
〈고린도후서 1~ 13 장, 시편 115- 118 편〉

거듭난 의인들은 그리스도의 향기입니다

"우리는 구원 얻는 자들에게나
망하는 자들에게나
하나님 앞에서 그리스도의 향기니
이 사람에게는 사망으로 좇아
사망에 이르는 냄새요
저 사람에게는 생명으로 좇아
생명에 이르는 냄새라
누가 이것을 감당하리요(고후 2:15-16).

진리의 복음을 믿어서
흰 눈같이 죄 사함을 받은 의인들에게서는
그리스도의 향기, 복음의 향기가 납니다.
영원한 생명을 사모하는 사람은
의인들에게서 그 향기를 맡고 찾아와서

성도(聖徒)들의 마음밭에 감춰진
값진 보화를 발견합니다.
그리고 지금껏 애지중지했던 것들을 다 팔아서
진리의 보화가 묻힌 그 밭을 삽니다.

그러나 의인들이 발산(發散)하는 복음의 향기를
가증한 악취(惡臭)로 여기고
멀리하는 자들도 많습니다.
그들은 땅의 더러운 요소가 뒤섞인
"궁창 아래의 물"(창 1:7)에 인이 박여서
누룩 없는 떡과 같이 순수한 **"궁창 위의 물"**인
하나님의 말씀과 복음의 진리를 거부합니다.
그런 자들에게는 진리의 복음에서 나는 향기가
"사망에 이르는 냄새"로 여겨집니다.

**"만일 우리 복음이 가리웠으면
망하는 자들에게 가리운 것이라"**(고후 4:3).
인간이 지어낸 교리에 인 박인 이들은

보아도 보지 못하고 들어도 듣지 못합니다.
영적인 소경들에게는
원형복음의 비밀이 가리웠기 때문입니다.

본래 우리 모두는 죄와 허물로 인하여
지옥에 갈 수밖에 없었던 죄인들이었으며
비참한 운명의 존재들이었습니다.
그런데 하나님께서
우리 인생들을 이처럼 사랑하셔서
전 인류의 죄를 대속(代贖)할 제물로
당신의 독생자를 아낌없이 보내 주셨습니다.

"하나님이 죄를 알지도 못하신 자로
우리를 대신하여 죄를 삼으신 것은
우리로 하여금 저의 안에서
하나님의 의가 되게 하려 하심이니라"
(고후 5:21).

하나님께서 **"죄를 알지도 못하신"** 예수님이
인류의 대표자인 요한에게 세례를 받게 하셔서
"죄를 삼으신 것은" 복음의 비밀입니다.
예수님께서 인류의 대표자인 세례 요한에게
안수(按手)의 형식으로 받으신 **"그 세례"**가
모든 의를 이루신 하나님의 능력입니다.

"생각건대 한 사람이
모든 사람을 대신하여 죽었은즉
모든 사람이 죽은 것이라"(고후 5:14).
그 세례로 우리의 옛사람과 연합하신 예수님께서
십자가에 못 박혀서 피 흘려 돌아가실 때에
우리의 옛사람도 주님과 함께 죽었습니다.

"물과 피의 복음"을 믿는 자는
자기가 주님과 합하여 이미 죽었다는 사실을
진리의 말씀으로 확인하고 확신합니다.

"무릇 그리스도 예수와 합하여 세례를 받은 우리는 그의 죽으심과 합하여 세례 받은 줄을 알지 못하느뇨"(롬 6:3).

(Or do you not know that as many of us as were baptized into Christ Jesus were baptized into His death? KJV)

예수님께서 받으신 세례의 능력을 믿는 자는
그 세례가 자기의 옛사람이 주님 안으로 들어간
세례였다는 사실(fact)을 믿습니다.

(As many of us as were baptized into Christ Jesus)

또한 의인들은 주께서 십자가에서 돌아가실 때에
자기의 옛사람도 주님과 함께 죽었다는 사실도
기록된 말씀으로 확인하고 믿습니다.
의인(義人)들은 그러한 확신으로
사도 바울과 동일한 믿음의 고백을 합니다.

"내가 그리스도와 함께 십자가에 못 박혔나니 그런즉 이제는 내가 산 것이 아니요

오직 내 안에 그리스도께서 사신 것이라
이제 내가 육체 가운데 사는 것은
나를 사랑하사 나를 위하여 자기 몸을 버리신
하나님의 아들을 믿는 믿음 안에서
사는 것이라”(갈 2:20).

여러분의 마음에 죄가 여전히 있습니까?
마음의 죄가 흰 눈처럼 씻어지지 않았습니까?
여러분은 아직도 “나는 구원받은 죄인입니다”
하며 칭의론(稱義論)을 믿고 고백합니까?
그렇다면 여러분은 아직도 구원을 받지 못한
기독죄인(基督罪人)일 뿐입니다.
그리고 죄의 삯은 사망입니다.

그러나 죄 사함을 받은 의인(義人)들에게는
결코 정죄(定罪)함이 없습니다.
“너희가 믿음에 있는가
너희 자신을 시험하고 너희 자신을 확증하라

예수 그리스도께서 너희 안에 계신 줄을
너희가 스스로 알지 못하느냐
그렇지 않으면 너희가 버리운 자니라"
(고후 13:5).

"성령과 물과 피가 합하여 하나"(요일 5:8)인
진리의 원형복음(原形福音)을 믿는 자는
죄가 전혀 없는 의인(義人)이 되었습니다.
죄인이 의인으로 변화되는 그것이 거듭남이며
"곧 너희의 온전하게 되는 것"(고후 13:9)입니다.

"그러므로 너희가 회개하고 돌이켜
너희 죄 없이 함을 받으라
이같이 하면 유쾌하게 되는 날이
주 앞으로부터 이를 것이요"(행 3:19).
할렐루야!

50 일간 성경통독 제44일 묵상
〈갈라디아서 1장~ 빌립보서 4장, 시편 119편〉

당신의 옛사람은 그리스도와 함께 십자가에 못 박혔습니까?

"내가 그리스도와 함께 십자가에 못 박혔나니
그런즉 이제는 내가 산 것이 아니요
오직 내 안에 그리스도께서 사신 것이라"
(갈 2:20).

사도 바울은 자기의 옛사람이
그리스도와 함께 십자가에 못 박혀서
이미 죽었다고 선포했습니다.

또한 바울은 자기의 **"육체와 함께 정과 욕심을**
십자가에 못 박았다"(갈 5:24)라고 선포했습니다.
바울은 예수께서 우리의 구원을 위해서 행하신
영적 사실(fact)에 근거해서

이러한 진리의 말씀들을 선포했습니다.

우리의 옛사람은 예수 그리스도와 함께
십자가에서 이미 죽었습니다.
따라서 우리의 옛사람 속에서 줄곧 일어나는
정과 욕심도 예수 그리스도와 함께 못 박힌 것이
사실(fact)입니다.

믿음이란 말씀에 기록된 사실을
"확인하고 확신하는 것"입니다.
예수님께서 인류의 대표자인 세례 요한에게
안수(按手)의 형식으로 받으신 세례로
하나님께서는 전 인류의 옛사람이
예수님 안으로 들어가게 하셨습니다.

그 역사로 인하여
예수님이 십자가에서 돌아가실 때에
전 인류의 옛사람이

예수님 안에서 함께 죽은 것입니다.

"무릇 그리스도 예수와
합하여 세례를 받은 우리는
그의 죽으심과 합하여 세례 받은 줄을
알지 못하느뇨"(롬 6:3).

(Or do you not know that as many of us as were baptized into Christ Jesus were baptized into His death? Rom 6:3, NKJV).

예수님께서 받으신 세례의 능력을 믿는 이는
"그 세례"(행 10:37)로 자기의 옛사람이
예수님 안으로 들어가서 연합된 후에
예수님과 함께 십자가에서 죽었으므로
다시는 죄에게 종노릇하지 않게 되었다는
영적인 사실(spiritual fact)을 믿습니다.

"우리가 알거니와 우리 옛 사람이

예수와 함께 십자가에 못 박힌 것은
죄의 몸이 멸하여
다시는 우리가 죄에게 종노릇 하지
아니하려 함이니"(롬 6:6).

진리의 복음은 오직 하나뿐입니다.
"성령과 물과 피가 합하여 하나"(요일 5:8)인
"성경대로의 복음"(고전 15:3-4) 외에
다른 복음은 없습니다.

물과 피로 임하신 예수님께서는
"자기를 단번에 제사로 드려 죄를 없게 하시려고
세상 끝에 나타나셨"(히 9:26)는데,
만일 당신이 성자(聖子) 예수님을 믿는다면서도
여전히 마음에 죄가 있다면
그것은 당신이 진리의 복음이 아니라
다른 복음인 반쪽짜리 복음을 믿기 때문입니다.

"인자의 살을 먹지 아니하고
인자의 피를 마시지 아니하면
너희 속에 생명이 없느니라"(요 6:53).
예수님의 세례와 십자가의 피를
둘 다 믿어야만 여러분은 죄 사함을 받습니다.

예수님께서 흘리신 십자가의 피는
예수님께서 받으신 세례의 필연적 결과입니다.
만일 예수님께서 인류의 대표자인 세례 요한에게
받으신 세례로 우리의 죄를 담당하지 않으셨다면,
주님의 십자가의 보혈과 주님의 처참한 죽으심은
우리와 아무 상관이 없는 일입니다.

그래서 사도 바울은
주님의 십자가만 더 자주 언급한 것 같지만
때때로 그리고 더 결정적인 부분에서는
주님께서 받으신 세례만을 강조하기도 했습니다.

"누구든지 그리스도와 합하여 세례를 받은 자는
그리스도로 옷 입었느니라"(갈 3:27).
"주도 하나이요 믿음도 하나이요
세례도 하나이요 하나님도 하나이시니
곧 만유의 아버지시라
만유 위에 계시고 만유를 통일하시고
만유 가운데 계시도다"(엡 4:5-6).

사도 바울은 이 원형복음(原形福音)의 진리를
"그리스도의 비밀"(엡 3:4) 또는
"하나님 속에 감취었던 비밀의 경륜"(엡 3:9)
이라고 선포했습니다.

"장차 오는 좋은 일의 그림자"(히 10:1)인
대속죄일(大贖罪日)의 제사를 상기해 보십시오.
그 제사의 마지막에, 아론은 흠 없는 산 염소를
백성들 앞으로 끌고 나와서
두 손으로 염소의 머리에 안수(按手)했습니다.

대제사장 아론(Aaron)은 그 안수(按手)로
백성들의 1년 치 죄를 염소의 머리에 두어
그 염소를 멀리 광야에 내버려 죽게 했습니다.

흠 없는 제물, 안수(죄를 넘김), 제물의 피(죽음).
이 세 가지 조건이 온전히 충족되어야
하나님께서 열납(悅納)하시는 속죄 제사입니다.

"이 뜻을 좇아 예수 그리스도의 몸을
단번에 드리심으로 말미암아
우리가 거룩함을 얻었노라"(히 10:10).

예수님은 육신을 입고 오신 성자 하나님이므로
전 인류의 죄를 대속할 흠 없는 합격 제물입니다.
육신을 입고 흠 없는 어린양으로 오신 예수님은
대제사장 아론의 직계(直系) 후손이며
여자의 몸에서 난 자 중에 가장 큰 자,
즉 인류의 대표자(代表者)인 세례 요한에게

안수의 형식으로 세례를 받았습니다.
안수(按手)는 죄를 제물에게 넘기는
하나님의 공의(公義)한 법입니다.

**"이제 허락하라 우리가 이와 같이 하여
모든 의를 이루는 것이 합당하니라"**(마 3:15).
세례 요한은 예수님의 명령을 따라 요단강에서
예수님의 머리에 자기의 두 손을 얹었습니다.
"그 세례"로 세상 죄가 예수님께로 넘어갔기에
세상에는 하나님의 **"모든 의"**(all righteousness)가
온전히 이루어졌습니다.

"그 세례"로 **"세상 죄를 지고 가는
하나님의 어린양"**(요 1:29)이 되신 예수님은
십자가에 못 박혀서 온몸의 피를 다 쏟으시고
마지막에 **"다 이루었다"**(요 19:30)라고
크게 외치신 후 돌아가셨습니다.

이와 같이 하나님의 어린양으로 오신 예수님은
받으신 안수의 세례로 우리의 죄를 짊어지시고
"동이 서에서 먼 것같이"(시 103:12)
우리의 죄과를 우리에게서 멀리 옮기심으로
우리를 모든 죄에서 완벽하게 구원하셨습니다.

"성령과 물과 피가 합하여 하나"인
진리의 복음이 아니라, 다른 복음을 믿는 이들은
마음에 죄가 있을 수밖에 없습니다.
그들은 자기의 모든 죄가
예수님께로 넘어가게 한 능력의 말씀인
예수님의 세례를 믿지 않기 때문입니다.

하나님의 말씀이 그러한지 아닌지를
진지하게 상고하고, 말씀이 그러하다 하면,
자기의 생각을 부인하고
진리의 말씀을 믿음으로 좇는 이들이
아브라함의 믿음을 좇는 의의 후사들입니다.

50 일간 성경통독 제45일 묵상
〈골로새서 ~ 데살로니가 전후서, 시편 120-125 편〉

부활과 휴거의 영광을 누릴 자는?

"우리가 주의 말씀으로
너희에게 이것을 말하노니
주 강림하실 때까지 우리 살아 남아 있는 자도
자는 자보다 결단코 앞서지 못하리라
주께서 호령과 천사장의 소리와 하나님의 나팔로
친히 하늘로 좇아 강림하시리니
그리스도 안에서 죽은 자들이 먼저 일어나고
그 후에 우리 살아 남은 자도
저희와 함께 구름 속으로 끌어 올려
공중에서 주를 영접하게 하시리니
그리하여 우리가 항상 주와 함께 있으리라"
(살전 4:15-17).

지금과 마찬가지로, 초대교회 시절에도
철학과 헛된 속임수로 말씀을 혼잡하게 하고

영혼들을 사냥하는 거짓 선지자들이 많았습니다.
거짓 선지자들은 부활이 이미 지나갔다거나,
부활이 임박했다거나, 혹은 부활이 없다고 하며
초대 교인들을 속여서 격동하게 했습니다.

"부활이 임박했다"라는
시한부 종말론에 사로잡히면 생업도 버리고
가정도 돌보지 않고 규모 없이 행동하게 됩니다.
그런 자들에게
바울은 엄히 경고하고 훈계했습니다.
**"형제들아 우리가 너희에게 구하는 것은
우리 주 예수 그리스도의 강림하심과
우리가 그 앞에 모임에 관하여
혹 영으로나 혹 말로나
혹 우리에게서 받았다 하는 편지로나
주의 날이 이르렀다고 쉬 동심하거나
두려워하거나 하지 아니할 그것이라"**
(살후 2:1-2).

“형제들아 우리 주 예수 그리스도의 이름으로
너희를 명하노니 규모 없이 행하고
우리에게 받은 유전대로 행하지 아니하는
모든 형제에게서 떠나라”(살후 3:6).

주님께서는 물론 반드시 다시 오십니다.
그런데 주님께서 언제 어느 시점에
재림하시는지는 그리 중요하지 않습니다.
우리가 정녕 진지하게 자문해야 할 질문은
“내가 진정 부활과 휴거에 들어가겠나?”입니다.

자연 재난(災難)이 극대화된 시대를 넘어서
환란(患亂)이 절정에 달한 때가 되면,
천사장의 마지막 나팔소리,
즉 일곱 번째 나팔소리가 크게 울려 퍼집니다.

그때에 영광의 주님께서
하늘을 가득 메운 천군 천사와 함께

불꽃 가운데 공중에 재림하십니다.

그때에 주님께서 천사들을 보내셔서
당신의 백성들을 온 세상에서 거두어 주십니다.
"저가 큰 나팔소리와 함께 천사들을 보내리니
저희가 그 택하신 자들을
하늘 이 끝에서 저 끝까지
사방에서 모으리라"(마 24:31).

그때에 진리의 복음을 믿고 먼저 돌아가신
선배 의인들이 먼저 무덤에서 일어나
신령한 부활의 몸을 입고 공중으로 올라갑니다.

그 후에 그때까지 고난 중에 인내하며
믿음을 지키며 살아 있던 성도(聖徒)들도
신령한 몸으로 홀연히 변화(육체의 부활)되어
공중으로 끌려 올라가서(휴거, rapture)
공중에서 주님을 만나게 됩니다.

의인들이 하늘에서 기쁨과 영광의
공중 혼인잔치에 참여해서 즐기는 동안,
이 땅에 남아 있는 죄인들 위에
일곱 대접의 진노가 부어집니다.

어떤 이들이 부활과 휴거의 영광을 입습니까?
공중 혼인잔치에 들어갈
슬기로운 처녀들이 누구입니까?
"성령과 물과 피가 합하여 하나"(요일 5:8)인
진리의 원형복음(原形福音)을 믿어서
흰 눈같이 죄 사함을 받은 주님의 신부들입니다.

슬기로운 다섯 처녀들은
예수님께서 받으신 세례와
십자가의 피의 복음을 믿어서
"구속 곧 죄 사함"(골 1:14)을 받고
성령을 선물로 받은 자들입니다.
주님의 살을 먹고 주님의 피를 마셔서

영생을 얻은 하나님의 자녀들입니다.

안수(按手)는 희생 제물에게 죄를 넘기는
하나님의 공의한 구원의 법입니다.
육신을 입고 흠 없는 어린양으로 오신
성자(聖子) 예수님께서는
인류의 대표자인 세례 요한에게
안수의 형식으로 세례를 받으셨습니다.

"그 세례"(행 10:37)로
믿는 이들의 마음에서 모든 죄가 뚝 끊어져서
예수님께로 넘어갔습니다.
그것이 바로 **"마음의 할례"**(롬 2:29)입니다.
육체의 할례(割禮)는
마음의 죄가 싹둑 잘려 나간 죄 사함의 은혜를
남자의 양피에 표식으로 둔 믿음의 고백입니다.

예수님의 세례의 복음을 믿는 자들은

"손으로 하지 아니한 할례"(골 2:11),
즉 마음의 모든 죄가 뚝 끊어져 나간
"마음의 할례"를 받은 의인(義人)들입니다.
그들은 **"죄와 상관없이 자기를 바라는 자들에게
두 번째 나타나실"**(히 9:28) 주님을
공중에서 만나게 될 것입니다.

예수님을 믿으면서도 마음에 죄가 남아 있어서
"죄와 상관 있는" 이들은,
즉 기독죄인(基督罪人)들은,
부활과도 휴거와도 아무 상관이 없습니다.

거룩하신 하나님께서는 결코
죄인(罪人)들을 당신의 자녀로 삼지 않습니다.
하나님은 진리의 복음을 믿어서
마음의 모든 죄가 흰 눈같이 씻어진 의인들만
당신의 자녀로 삼아서 부활과
휴거와 영생을 누리게 하십니다.

"주여 주여 우리에게 열어 주소서"
하고 애원했던 미련한 다섯 처녀는
마음에 죄가 있었기에 기름(성령)이 없었습니다.
예수님께서 그런 자들에게 말씀하십니다:
"진실로 너희에게 이르노니
내가 너희를 알지 못하노라"(마 25:12).

"이는 우리 복음이
말로만 너희에게 이른 것이 아니라
오직 능력과 성령과 큰 확신으로 된 것이니
우리가 너희 가운데서 너희를 위하여
어떠한 사람이 된 것은
너희 아는 바와 같으니라"(살전 1:5).

하늘에 속한 모든 신령한 축복은
오직 진리의 복음 안에만 있습니다.

"성령과 물과 피가 합하여 하나"(요일 5:8)인

진리의 원형복음을 믿는 자는
"죄와 상관 없이"(히 9:28)
다시 오실 주님을 기다립니다.
"능력과 성령과 큰 확신으로!"(살전 1:5)
할렐루야!

당신은 아직도 마음에 죄가 남아 있습니까?
"죄의 삯은 사망"(롬 6:23)입니다.
죄인은 결코 천국의 영생에 들어가지 못합니다.
기독죄인들은 속히 회개하고
진리의 원형복음(原形福音)을 믿어야 합니다.
그러면 **"결코 정죄함이 없는"** 의인(義人)으로
거듭나서 부활과 휴거의 영광을 입게 됩니다.
아멘!

50 일간 성경통독 제46일 묵상
〈디모데전서~빌레몬서. 시편 126-130 편〉

이단(異端)에 속한 자란 누구인가?

"이단에 속한 사람을
한두 번 훈계한 후에 멀리 하라
이러한 사람은 네가 아는 바와 같이 부패하여서
스스로 정죄(定罪)한 자로서 죄를 짓느니라"
(딛 3:10-11).

기독교 안에는
이단과 정통에 관한 논쟁이 늘 있어 왔습니다.

그런데 시대와 사회 상황에 따라서
이단(異端)과 정통(正統)에 대한 정의(定義)와
그 둘의 경계선은 요동쳤습니다.
주류(主流) 기독교 세력으로부터
이단시되었던 무리들도 그들의 세력이 커지면

슬그머니 정통(正統)으로 인정되곤 했습니다.
그렇게 요동치는 인간의 변론이나 주장은
기독교인들에게 혼란만 가중시킵니다.

그러나 "이단(異端)이란 무엇인가?"에 대한
올바른 정의를 하나님의 말씀으로 확인하고 나면
이단에 관한 논란은 단숨에 정리됩니다.
하나님의 말씀은 모든 변론을 폐하고
모든 사람이 수긍하게 하는 최후 확증입니다.

"이단에 속한 사람을
한두 번 훈계한 후에 멀리 하라
이러한 사람은 네가 아는 바와 같이 부패하여서
스스로 정죄(定罪)한 자로서 죄를 짓느니라"
(딛 3:10-11).

이단(異端)이란, 예수님을 구주로 믿는다면서도
"주여, 나는 죄인입니다" 하고

"스스로 정죄(定罪)" 하는 사람들입니다.
이런 사람들은 예수님께서 행하신 의로운 일을
정면으로 부인하고 짓밟는 자들이기 때문입니다.

예수님은 거룩하신 하나님입니다.
성자(聖子) 하나님께서
우리 인류의 모든 죄를 없애시려고
육신을 입고 이 땅에 오셨습니다.

흠 없는 대속(代贖)의 어린양으로 오신 예수님은
인류의 대표자인 세례 요한에게
안수(按手)의 형식으로 세례(洗禮)를 받으셔서
세상의 모든 죄를 온전히 담당하셨습니다.

그래서 세례를 받으신 **이튿날**에,
세례 요한에게서 **"보라 세상 죄를 지고 가는
하나님의 어린양이로다"**(요 1:29)라는 증거를
받으셨습니다.

받으신 세례로 세상 죄를 짊어지신 예수님은
그 모든 죄를 짊어지고 십자가로 가셔서
십자가 형틀 위에 못 박히셨습니다.
예수님은 십자가에서 흘리신 당신의 보혈로
인류의 모든 죗값을 다 지불하신 후,
"다 이루었다"(요 19:30)라고 크게 외치시고
돌아가셨습니다.
그때에 성전의 지성소 앞에 드리웠던 휘장이
위에서 아래까지 큰 폭으로 찢어졌습니다.
이로써 하나님의 보좌 앞으로 나아갈 길이
전 인류에게 활짝 열렸습니다.

예수님은 인류의 죗값을 다 지불하시고
운명하셨다가 셋째 날에 부활하심으로
당신께서 인류의 모든 죄를 완벽하게 없앴다는
사실을 확증하셨습니다.

이제 **"물과 피로 임하신"**(요일 5:6)

하나님의 아들, 예수 그리스도를 믿는 자는
마음에 흰 눈처럼 **"죄 없이 함을 받고"(행 3:19)**
"결코 정죄함이 없는" 의인(義人)이 됩니다.

따라서 아직 마음에 죄가 있는 기독죄인들은
조작된 다른 예수님을 믿는 자들이며
멸망할 이단(異端)에 속한 자들인 줄을
스스로 깨닫고 돌이켜야 합니다.

예수님을 구주로 믿는다면서도
스스로 죄인이라고 고백하는 자가
정통(正統)의 겸손한 신앙인인 줄 아십니까?
천만의 말씀입니다.

"만일 우리가 그리스도 안에서
의롭게 되려 하다가 죄인으로 나타나면
그리스도께서 죄를 짓게 하는 자냐
결코 그럴 수 없느니라"(갈 2:17).

예수님을 구주로 고백하면서도
"나는 죄인입니다" 하고
스스로를 정죄(定罪)하는 자들이 이단입니다.

"성령과 물과 피가 합하여 하나"(요일 5:8)인
원형의 복음을 믿어서 모든 죄의 사함을 받고
거룩한 의인(義人)으로 거듭난 이들이
정통(正統)의 신앙인들입니다.

그러면 사도 바울이
"죄인 중에 내가 괴수니라"(딤전 1:15) 하고
고백한 말씀은 무슨 말이냐고요?
그것은 그가 (거듭나기) **"전에는
내가 훼방자요 핍박자요 포행자이었"**다는
사실을 고백한 것입니다.

사도 바울처럼, 거듭난 의인들도
"물과 피로 임하신 주님께서 완성하신

구원의 사역을 배제한다면, 가난한 심령으로
“나는 구제불능의 죄인일 수밖에 없다”라고
고백합니다.

자기의 근본 모습이 “죄인 중에 괴수”인 줄을
깨닫고 시인하는 자라야 은혜의 복음을 만나서
죄 사함을 받고 거듭난 의인이 됩니다.
그리고 거듭난 후에도
주님의 구속의 은혜를 제하고 보면
자기는 여전히 **“죄인 중에 내가 괴수(魁首)”**임을
시인할 수밖에 없습니다.

이단(異端)에 속한 자들은
신앙생활의 외모를 꾸미는데 주력합니다.
그들은 **“경건의 모양”**을 내는
“종교적 행위”에는 열심이지만
그 많던 죄를 흰 눈같이 사라지게 하신
“경건의 능력”에 대해서는

알지도 못하고 관심도 없습니다.

“우리를 구원하시되
우리의 행한바 의로운 행위로 말미암지 아니하고
오직 그의 긍휼하심을 좇아 중생(重生)의 씻음과
성령의 새롭게 하심으로 하셨나니”(딛 3:5).

우리가 거룩하게 된 것은
우리가 지킨 율법의 행위와는 무관합니다.
하나님께서는 진리의 복음으로
우리를 모든 죄에서 깨끗하게 씻어 주셨습니다.
우리는 진리의 복음 안에 충만한
“하나님의 의”(롬 1:17)를 믿음으로
죄 사함을 받고 의롭다 하심을 얻었습니다.

“구원받은 죄인”—그런 희한한 존재는 없습니다.
죄 사함을 받아서 의인으로 거듭났으면
구원을 받은 의인(義人)이고,

마음에 죄가 있는 기독죄인(基督罪人)들은
아직 구원을 받지 못한 죄인(罪人)이며
스스로를 정죄하는 이단 기독교인일 뿐입니다.
기독죄인들은 정통(正統)에 속한 의인(義人)들이
진리의 복음을 전해 주어서
죄 사함을 받게 해야 할 대상입니다.

예수님을 믿는다면서도
"스스로 정죄(定罪)한 자"가 이단입니다.
마음에 죄가 있는 기독죄인(基督罪人)들은
자기가 이단(異端)에 속한 자라는 사실을
정직하고 진솔하게 인정하고
속히 돌이켜서 진리의 복음을 믿어야 합니다.

죄가 호리(毫釐)라도 마음에 있으면
결단코 지옥불의 판결을 피할 수 없습니다.

50 일간 성경통독 제47일 묵상
〈히브리서 1~13 장, 시편 131-135 편〉

원형의 복음으로 돌아가자

"그러므로 우리가 그리스도 도의 초보를 버리고
죽은 행실을 회개함과
하나님께 대한 신앙과
세례들과 안수와
죽은 자의 부활과
영원한 심판에 관한 교훈의 터를 다시 닦지 말고
완전한데 나아갈찌니라
하나님께서 허락하시면
우리가 이것을 하리라"(히 6:1-3).

초대교회 시절에,
지중해 연안에 흩어져 있던 히브리인들 중에서
적지 않은 이들이 복음을 듣고 믿었습니다.
그리고 상당한 세월이 흘렀습니다.

그런데도 그들 중 상당수의 마음에는
진리의 복음이 견고하게 자리 잡지 못했습니다.

왜 그런 결과가 초래되었을까요?
그들이 진리의 복음을 듣고서 귀하게 여기거나
믿음으로 확신하지 않았기 때문입니다.

"저희와 같이 우리도 복음 전함을 받은 자이나
그러나 그 들은바 말씀이
저희에게 유익되지 못한 것은
듣는 자가 믿음을 화합지 아니함이라"(히 4:2).

그래서 많은 히브리인들이 여전히 젖이나 먹고
단단한 식물을 먹지 못하는
유약한 영적 수준에 머물러 있었습니다.

그래서 히브리서의 기자(記者)는 그런 자들에게
"이제는 복음의 터 위에 굳게 서서

의의 말씀을 경험하는 장성한 자의 믿음으로
나아가야 한다"라고 권면했던 것입니다.

"그러므로 우리가 그리스도 도의 초보를 버리고
죽은 행실을 회개함과
하나님께 대한 신앙과
세례들과 안수와
죽은 자의 부활과
영원한 심판에 관한 교훈의 터를 다시 닦지 말고
완전한데 나아갈찌니라"(히 6:1-2).

이 두 절의 말씀에서,
우리는 초대교회의 사도들과 전도자들이 전했던
"그리스도 도의 초보" 즉,
원형복음(原形福音)의 단서(clues)를 발견합니다.

특히 우리가 주목해야 할 부분은,
"그리스도 도(道)의 초보" 즉,

원형(原形)복음의 중심 내용으로
“세례들과 안수에 관한 교훈”이
자리 잡고 있었다는 사실입니다.

안수(按手)는 죄를 희생제물에게 넘기는
하나님의 공의(公義)한 법입니다.
그리고 구약의 안수는 신약의 세례(洗禮)입니다.

“세례들과 안수”라고 기록된 말씀대로,
성경에는 몇 가지의 **세례(洗禮)들**이 있습니다.
첫째, 세례 요한이 그 당시의 회개한 백성들에게
회개(悔改)의 표로 베푼 세례,
둘째, 요단강에서 세례 요한에게 받으신
예수님의 세례,
마지막으로, 세례와 십자가로 완성하신
주님의 진리의 복음을 믿어서 거듭난 성도들이
자신의 구원을 확신하고 고백하며 받았던
예식(禮式)으로서의 세례가 그것들입니다.

이들 중에서 제일 중요한 세례는 당연히
예수님께서 인류의 대표자인 세례 요한에게 받으신 **"그 세례"**(the Baptism, **행** 10:37)입니다.

대속죄일(大贖罪日), 즉 매년 제 칠월 제 십일에,
대제사장 아론은 백성들을 대표해서
아사셀 염소의 머리에 안수함으로써
이스라엘 백성의 일 년 치 죄를
그 염소의 머리에 단번에 넘겼습니다.

세례 요한은 인류의 대표자(마 11:11)이며
대제사장 아론의 후손(눅 1:5)입니다.
여자가 낳은 자 중에 가장 큰 자인 세례 요한은
하나님의 어린양으로 오신 예수님의 머리에
안수의 형식으로 세례를 베풀어서
세상의 모든 죄를 단번에 주님께 넘겼습니다.

"예수께서 대답하여 가라사대

이제 허락하라 우리가 이와 같이 하여
모든 의를 이루는 것이 합당하니라
하신대 이에 요한이 허락하는지라"(마 3:15).

아론의 후손이며 인류의 대표자인 세례 요한이
예수님의 머리에 안수의 형식으로 베푼 세례로
인류의 죄가 단번에 예수님께로 넘어갔습니다.
이것이 바로 예수님께서 받으신 세례의 효력이며
인류 구원의 대역사(大役事)입니다.

예수님은 받으신 세례로
세상의 모든 죄를 당신의 몸에 짊어지셨기에
주님은 그 모든 죄와 허물을 대속하기 위해서
십자가에 못 박혀서 피를 흘리시고
"다 이루었다"고 크게 외치시고 운명하셨습니다.

그때에 지성소 앞을 가로막고 있던 휘장이
위에서 아래까지 큰 폭으로 찢어졌습니다

이제는 **"물과 피의 복음"**을 믿는 자는 누구든지
하나님의 보좌 앞에 담대히 나아가서
천국을 자기의 것으로 삼을 수 있게 되었습니다.

**"세례 요한의 때부터 지금까지
천국은 침노를 당하나니
침노하는 자는 빼앗느니라"**(마 11:12).
인류를 대표한 세례 요한이 예수님에게
안수의 형식으로 베푼 세례의 능력을 믿는 자는
결코 정죄함이 없는 의인(義人)이 되었기에,
이제는 천국에 담대하게 쳐들어가서
천국을 차지하고 영생을 누리게 되었습니다.

그런데 말입니다.
오늘날 기독교인들이 믿고 전하는
변형된 복음, 즉 "십자가의 피만의 복음"에는
원형복음(原形福音)의 중심 내용인
"세례들과 안수에 관한 교훈"이 사라져서

그 흔적도 찾아볼 수 없게 되었습니다.

“세례들과 안수에 관한 교훈”이 없이는
자기 마음의 모든 죄가 결코
예수님에게 넘어갈 수가 없습니다.
“십자가의 피만의 복음”을 믿은 결과,
기독교인들은 마음에 죄가 고스란히 쌓여 있는
기독죄인(基督罪人)으로 남게 되었습니다.

“죄의 삯은 사망”(롬 6:23)입니다.
누구든지 죄가 있으면 지옥에 갑니다.
기독교인들은 원형의 복음으로 돌아와야 합니다.
성경대로의 복음, 즉 원형의 복음을 믿어야만
“죄 사함으로 말미암는 구원”(눅 1:77)을 받고
의인으로 거듭나서 성령을 선물로 받습니다.

예수님은 육신을 입고 오신 성자 하나님입니다.
누구든지 예수님께서 받으신 세례와

십자가의 피를 모두 믿어야만
죄 사함을 받고 거듭나서 의인(義人)이 됩니다.

사도 요한도 진리의 원형복음이 무엇인지를
명확히 선포합니다.
"이는 물과 피로 임하신 자니
곧 예수 그리스도시라
물로만 아니요 물과 피로 임하셨고
증거하는 이는 성령이시니 성령은 진리니라
증거하는 이가 셋이니 성령과 물과 피라
또한 이 셋이 합하여 하나이니라"(요일 5:6-8).

사도 바울에게서 진리의 말씀을 듣고
그것이 그러한가 상고했던
베뢰아 사람들(Bereans, 행 17:11)처럼
신사적인 믿음의 사람들이
전 세계에서 일어나기를 간절히 바랍니다.

50 일간 성경통독 제48일 묵상
〈야고보서, 베드로전서 및 후서, 시편 136-140 편〉

예수님께서 받으신 세례가 구원의 표입니다

**"물은 예수 그리스도의 부활하심으로 말미암아
이제 너희를 구원하는 표니 곧 세례라
육체의 더러운 것을 제하여 버림이 아니요
오직 선한 양심이 하나님을 향하여
찾아가는 것이라"(벧전 3:21).**

"There is also an antitype which now saves us-- baptism (not the removal of the filth of the flesh, but the answer of a good conscience toward God), through the resurrection of Jesus Christ"
(1 Pet 3:21, NKJV).

**"사람이 물과 성령으로 나지 아니하면
하나님 나라에 들어갈 수 없느니라"(요 3:5).**
예수님께서 니고데모에게 하신 말씀입니다.

이 말씀에서 "물"을 광의(廣義)로 해석하면,
그것은 하나님의 말씀이지만,
협의(俠義)로 특정해서 말하자면
"물"은 진리의 복음입니다.

"너희가 거듭난 것이
썩어질 씨로 된 것이 아니요
썩지 아니할 씨로 된 것이니
하나님의 살아 있고 항상 있는
말씀으로 되었느니라
…….
오직 주의 말씀은 세세토록 있도다 하였으니
너희에게 전한 복음이
곧 이 말씀이니라"(벧전 1:23, 25).

그런데 사도 베드로는 **"물"**을 좀 더 구체적으로
우리를 구원하는 표(antitype)인
예수님의 **"세례"**라고 선포합니다.

“물은 예수 그리스도의 부활하심으로 말미암아
이제 너희를 구원하는 표니 곧 세례라”
(벧전 3:21)

여기에서의 **“세례”**는 성도가 받는 세례가 아니라
“예수님께서 받으신 세례”입니다.
성자(聖子) 하나님께서는
인류의 죄를 도말(塗抹)하기 위해서
흠 없는 제물로 이 땅에 오셨습니다.
예수님은 인류의 대표자인 세례 요한에게
안수의 형식으로 세례를 받으심으로
“세상 죄를 지고 가는 하나님의 어린양”
(요 1:29)이 되셨습니다.
그 세례가 주님의 공생애(公生涯)의 시작입니다.

예수님은 **“이와 같이 하여”**(마 3:15)
즉, 안수(按手)의 방법으로 받으신 세례로
우리 무리의 죄악을 담당하신 채로(사 53:6)

십자가에 못 박혀서
"다 이루었다"고 크게 외치시며 돌아가시기까지
우리의 모든 죗값을 완불(完拂)하셨습니다.
그리고 주님은 셋째 날에 부활하셨습니다.

예수님께서 받으신 세례에서부터
십자가의 죽으심과 주님의 부활까지가
우리의 모든 죄를 흰 눈같이 없애 주신
주님의 구원 사역입니다.
따라서 예수님께서 받으신 **세례**가
구원의 출발점이며 우리를 **"구원하는 표"**입니다.

사도 베드로는 노아 시대의 "물"을 통해서
이 진리를 설명합니다.
하나님께서는 노아의 때에 홍수의 "물"로
이전의 타락한 세상을 깨끗이 쓸어버리고
인류에게 새로운 세상을 열어 주셨습니다.

예수님께서 요단강 물에서
인류의 대표자에게 받으신 세례로
아담에서부터 세상 종말까지의 모든 죄가
세례 요한의 어깨와 팔을 통해서
예수님의 육체로 다 넘어갔습니다.

"그 세례"로 세상 죄는
예수님께로 온전히 넘어갔기에
이 땅에는 **"모든 의"**가 이루어졌습니다.
예수님께서 받으신 세례로
인류에게는 의(義)의 새로운 세상이 열렸습니다.

"이 때에 예수께서 갈릴리로서 요단강에 이르러
요한에게 세례를 받으려 하신대
요한이 말려 가로되
내가 당신에게 세례를 받아야 할 터인데
당신이 내게로 오시나이까
예수께서 대답하여 가라사대

이제 허락하라 우리가 이와 같이 하여
모든 의를 이루는 것이 합당하니라 하신대
이에 요한이 허락하는지라”(마 3:13-15).

또한 홍수의 물은
“믿음으로 얻는 구원”의 원리를 계시합니다.
노아의 때에 홍수의 경고를 듣고 믿은 자는
홍수의 물에서 구원을 받았지만
그 “물”을 농담으로 여겼던 자들은
대홍수의 물에 휩쓸려서 모두 죽었습니다.

“그들은 전에 노아의 날 방주 예비할 동안
하나님이 오래 참고 기다리실 때에
순종치 아니하던 자들이라
방주에서 물로 말미암아 구원을 얻은 자가
몇 명뿐이니 겨우 여덟 명이라”(벧전 3:20).

이 시대에도 예수님께서 받으신

세례의 능력을 증거하는 **"물"(예수님의 세례)**을
농담으로 여기는 자들이 많습니다.
그들은 모두 죽임을 당할 것입니다.
예수님께서 받으신 세례의 효력을
믿지 않는 자는 결코 정죄함이 있으며,
반드시 지옥의 판결을 받습니다.
"죄의 삯은 사망"이기 때문입니다.

또한 예수님께서 받으신 세례는
하나님의 구원 사역을 모두 내포(內包)합니다.
그때에 인류의 대표자인 요한의 안수(按手)로
주님은 세상 죄를 담당하셨고,
주님이 물에 잠기신 것은 장차 돌아가실 것을,
주님이 물에서 다시 올라오신 것은
장차 주께서 부활하실 것을 계시(啓示)합니다.

노아의 때에 **"홍수의 물"**로 계시한 **구원의 표**는
예수님께서 요단강 물에서

인류의 대표자인 세례 요한에게
안수의 형식으로 받으신 세례(洗禮)입니다.

그런데 노아의 때처럼,
물(예수님의 세례)의 효력을 믿는 자들은
전 세계적으로 매우 희귀합니다.
요단강 물에서 받으신 주님의 세례가
인류에게 **"구원의 표"**(antitype)인데도 말입니다.

우리가 "세례의 복음"을 믿고
성령의 역사로 구원을 받았다고 해도, 즉,
우리가 물과 성령으로 거듭났다고 해도
거듭난 것은 우리의 영(靈)입니다.
우리의 육체는 여전히 부족하고 연약합니다.

다만 성령님이 거듭난 우리 안에 계셔서
진정 선한 일이 무엇인지를 깨닫게 하시기에,
우리는 선한 양심으로 자원(自願)해서

주께서 기뻐하시는 일을 하게 됩니다.

"육체의 더러운 것을 제하여 버림이 아니요
오직 선한 양심이 하나님을 향하여
찾아가는 것이라"(벧전 3:21).

아멘!

THE NEW COVENANT

50 일간 성경통독 제49일 묵상
〈요한일서, 요한이서, 요한삼서, 시 141-145 편〉

새 계명이란 무엇인가?

"그의 계명은 이것이니
곧 그 아들 예수 그리스도의 이름을 믿고
그가 우리에게 주신 계명대로
서로 사랑할 것이니라"(요일 3:23).

사도 요한은
성삼위(聖三位) 하나님의 구원의 사랑 안에서,
또 진리(빛) 안에서 성도들과 사귐으로써
피차에 충만한 기쁨을 누리기 원했습니다.

그런데 초대교회 안에는 거듭나지 못한 채로
"가만히 들어온 자"(갈 2:4)들이 있었습니다.
사도 요한은 그들도 진리의 복음을 믿음으로써
그들의 죄가 흰 눈같이 씻어지기를 원했습니다.
그래서 사랑의 사도 요한은

“만일 우리가”(요일 1:6, 8-10)라는
가정법의 우회적 표현으로
아직 거듭나지 못한 이들을 다독이면서
그들이 아직 거듭나지 못한 죄인임을 인정하고
죄 사함을 받도록 권면했습니다.

주님께서는 진리의 복음을 믿어서
거듭난 의인들에게는 새 계명을 주셨습니다.
“그의 계명은 이것이니
곧 그 아들 예수 그리스도의 이름을 믿고
그가 우리에게 주신 계명대로
서로 사랑할 것이니라”(요일 3:23).

첫째로 새 계명은 **“하나님의 아들**
예수 그리스도의 이름을 믿는 것”입니다.
성경에서 **“이름”**은
본질(本質) 또는 본체(本體)를 의미하는 바,
“예수 그리스도의 이름”은

사람의 육신으로 오신 성자 하나님께서 행하신 완전한 구원의 사역을 의미합니다.

구약의 속죄 제사는 반드시
1) 흠 없는 희생제물,
2) 안수(죄를 넘김),
3) 피 흘림(대속의 죽음),
이 세 가지 조건이 다 충족되어야 했습니다.

구약성경(두루마리 책)에 기록된 대로
예수님은 성자(聖子) 하나님이신데,
육신을 입고 이 땅에 오셔서
요단강 물에서 받으신 세례와 십자가의 피로
전 인류를 모든 죄에서 온전히 구원하셨습니다.

성경대로의 복음, 즉 원형의 복음도
성령의 증거, 물의 증거, 피의 증거,
이 세 가지의 증거로 구성되어 있습니다.

성령님께서는
“예수님은 흠 없는 제물이 되려고 육신으로 오신
성자(聖子) 하나님이시다”라고 증거합니다.

“물”은 “예수님께서 요단강 물에서
인류의 대표자인 세례 요한에게
안수의 형식으로 받으신 세례입니다.
“그 세례”(행 10:37)로 예수님은
세상 죄를 온전히 담당하셔서
“세상 죄를 지고 가는 하나님의 어린양”
(요 1:29)이 되셨습니다.

“피”는
예수님께서 “다 이루었다”라고 외치시기까지
십자가에서 흘리신 피입니다.
예수님은 세례로 담당하신 모든 죄를
그 피로 온전히 대속(代贖)하셨습니다.

초대교회의 성도들이 처음부터 들은 복음은
"성령과 물과 피가 합하여 하나"(요일 5:8)인
온전한 의의 복음입니다.
이 복음이 원형(原形)의 복음이며,
이 복음만이 유일한 진리의 복음입니다.

그래서 사도 요한은
초대교회의 성도들에게 당부했습니다.
"너희는 처음부터 들은 것을
너희 안에 거하게 하라
처음부터 들은 것이 너희 안에 거하면
너희가 아들의 안과 아버지의 안에
거하리라"(요일 2:24).

그런데 성도들이 처음부터 들었던
원형의 복음을 변질시키는 자들이 나타나서
초대교회의 성도들을 미혹시켰습니다.
그들은 특별히 예수님께서

육체로 임하신 하나님이심을 부인했습니다.

예수님의 육체(살 또는 몸)는 성육신(成肉身)하신
"예수님께서 받으신 세례"를 계시합니다.
주님은 오천 명을 먹이신 후에도, 무리에게
**"내 살(몸)을 먹고 내 피를 마셔야
영생을 얻는다**"라고 말씀하셨습니다.

유대인들에게 잡히시던 날 밤에
주님은 성찬(聖餐)의 예식(禮式)을 세워 주셔서
예수님의 몸(세례)과 십자가의 피, 즉
"물과 피"로 구성된 원형복음의 진리를
주께서 다시 오실 때까지 기억하게 하셨습니다.

그런데 말입니다.
사단 마귀의 종들은 "물의 증거"를 빼버린
반쪽짜리 복음의 씨를 뿌려서
온 세상을 사이비(似而非) 복음으로 덮었습니다.

"물"(예수님께서 받으신 세례)의 증거를
빼버리고 변질시킨 유사(類似) 복음으로는
죄인이 결코 죄 사함을 받을 수 없습니다.
그 결과 오늘날의 기독교는
기독죄인(基督罪人)들로 가득 차게 되었습니다.
사단 마귀의 거짓말로 영혼들을 미혹시키는 자가
바로 적그리스도(anti-Christ)입니다.

진리를 사모하고 하나님을 경외하는 이들은
물의 증거가 빠진 "십자가의 피만의 복음"이
초대교회의 성도들이 처음부터 들었던 말씀,
즉 **"성경대로의 복음"(고전 15:3)**과는
"다른 복음"이라는 사실을 깨닫습니다.

둘째로, 새 계명은
"서로 사랑하라"라고 말씀합니다.
여기에서의 **"사랑"**은 육신적인 사랑이 아닙니다.
이는 아들을 통해서 나타내신 하나님의 사랑이며

"진리의 사랑"(살후 2:10)입니다.
진리의 사랑을 하는 이들은
형제들을 육신적으로도 돌보고 사랑합니다.
그러나 진리의 복음 안에서
하나님의 말씀을 좇아 모든 것을 행합니다.

사도 요한은 그러한 의인의 빛 된 삶을
"의를 행한다"(요일 2:29) 또는
"진리 안에서 행한다"(요삼 1:3)라고 말씀합니다.

거듭난 의인들에게는 형제들을 사랑하는 일이
결코 무거운 짐이 아닙니다.
**"하나님을 사랑하는 것은 이것이니
우리가 그의 계명들을 지키는 것이라
그의 계명들은 무거운 것이 아니로다"**(요일 5:3).

새 계명을 지키는 자들은
하나님의 은총을 넘치게 받습니다.

그리고 무엇을 구하든지 다 응답을 받습니다.

"그를 향하여
우리의 가진바 담대한 것이 이것이니
그의 뜻대로 무엇을 구하면 들으심이라"
(요일 5:14).

할렐루야!

속죄제사의 비교			
	하루치 제사	대속죄일의 제사	예수님의 영원한 제사
희생제물	흠 없는 염소(양)	수송아지와 수염소	예수님의 육체(몸)
죄를 넘기는 방법	죄인이 안수함	대제사장이 안수함	인류의 대표자인 세례 요한의 세례(안수)
죄 사함의 효력	개인의 하루치 속죄	백성전체의 일년치 속죄	전인류의 영원한 속죄
제사의 주관자	제사장	대제사장	예수 그리스도 (하늘의 대제사장)
본질성	장차올 좋은 일의 그림자 (예고편)		실체 (좋은 일 자체)
하나님의 섭리	성막에서 드렸던 첫째 제사 (폐해짐)		변역한 둘째 (영원한) 제사
제사가 완성된 곳	땅의 성막(성전)		하늘 성소

50 일간 성경통독 제50일 묵상
〈요한계시록 1-22, 시 146-150 편〉

차든지 덥든지 하라

"라오디게아 교회의 사자에게 편지하기를
아멘이시요 충성되고 참된 증인이시요
하나님의 창조의 근본이신 이가 가라사대
내가 네 행위를 아노니
네가 차지도 아니하고 더웁지도 아니하도다
네가 차든지 더웁든지 하기를 원하노라
네가 이같이 미지근하여
더웁지도 아니하고 차지도 아니하니
내 입에서 너를 토하여 내치리라"(계 3:14-16).

요한계시록은 장차 속히 될 일들,
즉 이 세상의 종말에 벌어질 어려움 속에서
"이기는 자들에게 천국의 영생을 주시겠다"라는
하나님의 약속의 말씀입니다.

"이기는 자"란 환난을 겪으면서도 끝까지
믿음으로 진리의 복음을 지켜낸 자입니다.

초대교회 시절에도 이미 많은 교회들이
"처음 사랑"인 진리의 복음을 버렸고
사단 마귀의 거짓말을 용납했습니다.
그들은 음녀 이세벨과 함께 들어온
세상의 더러운 것들을 사랑해서
"처음부터 들은 것"(요일 2:24)인
원형(原形)의 복음을 잃어버렸습니다.

생명의 복음인 원형복음을 잃어버린 교회는
사실 더 이상 하나님의 교회가 아닙니다.
그것은 제도화와 세속화의 나락으로 떨어진
거대한 세속적, 문화적 집단에 불과합니다.

문화란 "정형화된 삶의 유형"을 의미합니다.
하나의 세속적 문화로 정형화(定型化)되고

화석화(化石化)된 기독교 안에 거하는 이들은
영적으로 차지도 덥지도 않고 미지근합니다.

예수님께서는
유대교라는 종교 문화에 안주하던 자들에게
"이 세대의 사람을
무엇으로 비유할꼬 무엇과 같은고
비유컨대 아이들이 장터에 앉아
서로 불러 가로되
우리가 너희를 향하여 피리를 불어도
너희가 춤추지 않고
우리가 애곡을 하여도
너희가 울지 아니하였다 함과 같도다"
(눅 7:31-32) 하고 책망하셨습니다.

참된 회개를 촉구했던
세례 요한의 교훈 앞에서 그들은
자기가 지옥에 가야 할 자라고

눈물을 흘리며 애통해하지도 않았고
예수님께서 천국 복음을 들려주실 때에
그들은 춤추며 기뻐하지도 않았습니다.

마음에 죄가 있는 기독죄인(基督罪人)들은
자기의 죄악된 실존(實存)에 대해서는
냉철하게 인정하고 애통해해야 합니다.
그들은 자기는 지옥에 가야 마땅한 자라고
슬피 울며 하나님의 긍휼을 바라야 합니다.
그런 자라야 **“물과 피로 임하신”**
예수님의 복음을 들으면
목숨처럼 굳게 믿어서 구원을 받고
그 복음을 뜨겁게 사랑합니다.

덥지도 차지도 않았던
라오디게아 교인들의 모습이
오늘날 기독교인의 실상을 대변(代辯)합니다.
오늘날 기독교인들은 성경의 진리들과 거리가 먼

자기의 죄악된 근본 모습을 바라보면서
덥지도 차지도 않은 미지근한 마음입니다.
그들은 성경 말씀과 자기 모습과의 간극(間隙)을
인간이 만들어 낸 교리들로 메우고는
구렁이 담 넘어가듯 "됐다 치고" 안도합니다.

"네가 말하기를 나는 부자라
부요하여 부족한 것이 없다 하나
네 곤고한 것과 가련한 것과 가난한 것과
눈 먼 것과 벌거벗은 것을
알지 못하도다"(계 3:17).

"으뜸되기를 좋아하는
디오드레베"(요삼 1:9)처럼,
그들은 일등주의자(一等主義者)들이며
자기 의(義)의 부자(富者)들입니다.
자기 의의 부자가 천국에 들어가는 것은
낙타가 바늘귀로 들어가는 것보다 어렵습니다.

미지근한 종교인들은 냉철한 영적인 눈으로
자기의 비참한 실상(實狀)을 깨달아야 합니다.
그들은 죄가 있어서 곤고하며,
지옥에 갈 가련한 자이며,
영적으로 가난하며, 눈이 멀었고,
자기의 수치가 드러나도록 헐벗은 자들입니다.

이제 기독죄인(基督罪人)들은
그동안 미지근한 마음으로 안주했던
종교의 요람을 뛰쳐나와서
"성령과 물과 피가 합하여 하나"(요일 5:8)인
진리의 복음을 뜨겁게 믿고 거듭나야 합니다.

"내가 너를 권하노니
내게서 불로 연단한 금을 사서 부요하게 하고
흰 옷을 사서 입어
벌거벗은 수치를 보이지 않게 하고
안약을 사서 눈에 발라 보게 하라"(계 3:18).

온전한 믿음으로 원형(原形)의 복음을 믿으면,
눈같이 희고 흠이나 주름 잡힌 것이 없는
하나님의 완전한 의(義)를 옷 입게 되고
모든 죄와 허물이 씻어집니다.
거듭난 의인에게는 결코 수치가 없습니다.

다메섹 도상에서 거듭난 사울(Saul)처럼
거듭난 이들은 눈에서 비늘 같은 것이 떨어져서
영적인 세계를 밝히 보게 되며,
하늘에 속한 신령한 축복으로 부요하게 됩니다.

일곱 인(印)의 역사와 일곱 나팔의 역사,
그리고 일곱 대접의 역사는
"반드시 속히 될 일"(계 1:1)들입니다.

그때와 그날이 언제인가가 중요하지 않습니다.
하나님께서 예비하신
첫째 부활과 공중의 혼인잔치와 천년 왕국과

영원한 천국의 축복을 내가 누릴 수 있느냐가
너무나 중요합니다.
종말의 때에 임할 환란(患亂)을
"이기는 자"들이 그 모든 축복을 받게 됩니다.

이기는 자란 사단 마귀의 어떤 거짓말이나
어떤 유혹이나 환난에도,
진리의 원형복음을 끝까지 지키는 자들입니다.

"그러나 이 모든 일에
우리를 사랑하시는 이로 말미암아
우리가 넉넉히 이기느니라"(롬 8:37).
아멘! 할렐루야!

Epilogue
거듭남이란 무엇인가?

"예수께서 대답하시되
진실로 진실로 네게 이르노니
사람이 물과 성령으로 나지 아니하면
하나님 나라에 들어갈 수 없느니라"(요 3:5).

물과 성령으로 나야 천국에 들어갑니다

천국의 영생을 얻는 것은 인생 최대의 목표이자 과제입니다. 사람이 천하를 다 얻고도 자기 생명을 잃는다면 그것이 무슨 소용이 있겠습니까?

우리는 이 땅에 태어나서 평생에 죄만 지으며 살다가, 죽어서는 영원한 지옥의 형벌을 받을 수밖에 없는 존재들입니다. 그러므로 누구든지 자기의 모든 죄를 사함 받지 못하고 죽는다면, 그의 영혼은 자신의 죄에 대한 형벌로 지옥의 영벌(永罰)을 받게 됩니다. 그것이 하나님의 공의(公義)입니다.

마음에 죄가 있으면 거룩한 하나님의 나라에 절대로 들어갈 수 없습니다. 따라서 누구든지 천국의 영생에 들어가려면, 반드시 흰 눈처럼 죄 사함을 받아서 의인이 되어야 합니다.

거듭남(Being born-again)이란 **죄인이 복음의 은혜를 믿어서 죄 사함을 받고 의인으로 다시 한번 태어나게 하는 하나님의 영적인 역사**입니다. 사람이 거듭나는 것은 하나님의 가장 큰 축복입니다. 지옥에 갈 수밖에 없는 자들을 영원한 천국에 값없이 들어가게 해 주시는 하나님의 은혜이기 때문입니다.

하나님께서는 자연계의 현상들을 통해서 하늘에 속한 일 즉, 영적으로 "거듭나는 현상"이 무엇인지를 "계시"(啓示)해 주십니다.

일반적으로 매미의 애벌레인 굼벵이는 5~7년 동안이나 땅속에서 벌레로 살다가 때가 되면 땅 밖으로 나오고 나무에 올라가서 탈바꿈을 합니다. 굼벵이와 그 성충(成蟲)인 매미는 전혀 다른 모습이며 상이한 실체입니다. 굼벵이는 흙 속에서 썩은 것, 더러운 것이나 파먹고 사는 벌레이지만, 그것이 변해서 매미가 된 후에는 멋진 날개로 창공을 날아다니며 광명(光明)의 세계에서 살게 됩니다.

굼벵이가 변하여 매미가 되듯, 육신적인 존재로 태어난 사람이 **"물과 성령의 복음"**을 믿을 때에 마음에 변화를 받아 **영적으로 새로운 피조물**로 재창조되는 역사가 "거듭남"(Being born-again)입니다.

따라서 "거듭난다"라는 것은 어떤 육체의 변화를 의미하지 않습니다. 거듭남이란 **"죄인이 영적으로 다시 태어나서 의인이 된다"**라는 뜻입니다.

예수님께서는 늦은 밤에 찾아온 니고데모에게, **"진실로 진실로 네게 이르노니 사람이 거듭나지 아니하면 하나님 나라를 볼 수 없느니라"**(요 3:3) 하고 말씀하셨습니다. 유대인의 율법 선생이었던 니고데모는 주님의 말씀을 이해하지 못해서 의아해하며, **"사람이 늙으면 어떻게 날 수 있삽나이까 두번째 모태에 들어갔다가 날 수 있삽나이까"**(요 3:4) 하고 예수님께 반문했습니다.

그러자 예수님은 니고데모에게 **"진실로 진실로 네게 이르노니 사람이 물과 성령으로 나지 아니하면 하나님 나라에 들어갈 수 없느니라"**(요 3:5)고 대답하셨습니다.

모든 사람은 태어날 때부터 마음에 죄를 가지고 태어나서 살아가면서 평생 동안 죄를 짓습니다. 그래서 모든 사람은 그 죄로 인해서 하나님의 공의한 심판을 받고 지옥에 갈 수밖에 없는 존재들입니다.

거룩한 하나님의 말씀 앞에 자기 자신을 비춰볼 때 "아! 나는 악한 자로구나! 나는 더럽고 거짓되며 끊임없이 여러 가지 죄를 짓는 자로구나!"라고 시인하는 자가 정직한 자입니다. 그런데 그렇게 마음이 정직한 사람이라야 거듭날 수 있습니다.

당신은 진정 "나는 지옥에 가야 할 자입니다"라고 인정합니까?

"또 가라사대 사람에게서 나오는 그것이 사람을 더럽게 하느니라 속에서 곧 사람의 마음에서 나오는 것은 악한 생각 곧 음란과 도적질과 살인과 간음과 탐욕과 악독과 속임과 음탕과 흘기는 눈과 훼방과 교만과 광패니 이 모든 악한 것이 다 속에서 나와서 사람을 더럽게 하느니라"(막 7:20-23).

예수님께서는 위의 말씀으로 우리의 실체(實體)를 적나라하게 보여 주셨습니다. 사람의 마음속에는 나면서부터 이 모든 죄들이 장착(裝着)되어 있어서, 어떤 환경을 만나면 죄가 쏟아지게 되어 있습니다.

당신의 마음에 "음란"이란 죄가 있습니까, 없습니까? 있습니다. "도적질"하는 죄가 당신의 마음에 있습니까, 없습니까? 있습니다. 살인하는 마음이 당신의 마음에 있습니까, 없습니까? 있습니다. 교만한 마음이 당신의 마음에 있습니까, 없습니까? 분명히

이 모든 죄들이 마음속에 장착(裝着)되어 있습니다. 위에 열거된 열두 가지 죄들이 우리의 마음에 다 있습니다. 우리 인간은 죄 가운데 태어나서 평생 죄를 짓고 살다가 하나님의 공의한 심판을 받고 지옥에 갈 수밖에 없는 존재들입니다.

예수님은 **"여자를 보고 음욕을 품는 자마다 마음에 이미 간음하였느니라"**(마 5:28)고 말씀하셨습니다. 여러분의 마음에 간음이라는 죄가 들어 있어서, 그것이 생각이나 말이나 행동으로 쏟아지면 간음의 죄를 짓게 되는 것입니다. 그러니 우리는 날마다 간음하는 자입니다. 또 성경은 **"그 형제를 미워하는 자마다 살인하는 자니"**(요일 3:15)라고 말씀하셨으니, 우리는 늘 살인하는 자들입니다.

그런데 하나님께서는 그렇게 죄 덩어리인 인생들을 너무나 사랑하셨습니다. 그리고 하나님께서는 지옥에 갈 수밖에 없는 우리를 불쌍히 여기셔서 우리들의 모든 죄를 당신의 외아들인 예수 그리스도를 통해서 없애 주셨습니다. 하나님께서 어떻게 우리의 죄를 흰 눈같이 없애 주셨는가 하는 것이 바로 **"그리스도의 비밀"**(Mystery of Christ, 골 4:3)입니다.

저도 거듭나기 전에는 마음에 죄가 가득했던 기독죄인(基督罪人)이었습니다. 저는 마음의 죄 때문에 몹시 괴로워했습니다. **"죄의 삯은 사망"**이라고 하신 하나님의 말씀에 비춰볼 때, 저는 지옥에 갈 수밖에 없었던 자였습니다.

하나님께서는 "주여, 주여 하는 자마다 다 천국에 들어가는 것이 아니라"라고 말씀하셨고, "너희 죄가 호리(毫釐)만큼만 있어도 지옥에 간다, 결단코 지옥에서 벗어날 길이 없으며, 불로 소금 치듯 하는 그곳에서 영원토록 고통을 당한다"라고 말씀을 하셨습니다. 그래서 저는 하나님의 말씀 앞에서 늘 두렵고 괴롭고 암울했습니다. "어떻게 하면 이 죄를 없앨 수가 있을까?" 하고 갖은 방법을 다 써 봤습니다.

제가 바르게 살려고 하지 않았다는 말이 아닙니다. 오히려 저는 바르게 살며 죄를 짓지 않으려고 무진장 애를 썼습니다. 마음으로는 하늘을 우러러 한 점 부끄럼 없이 살기를 원했지만, 저의 육신은 연약해서 다시 죄를 짓곤 했습니다. 회개 기도를 많이 하면 죄가 없어진다고 했는데, 아무리 회개 기도를 해도 죄가 마음에 그냥 있었습니다.

그런데 하나님께서 저와 같은 자에게도 **"하나님의 비밀"**인 진리의 원형복음(原形福音)을 깨닫게 하셨습니다. 그리고 그 복음을 온전히 믿고 거듭나게 해 주셨습니다. 이제 저는 하나님 앞에서 죄가 없는 의인이 되었습니다. 저는 하나님의 은혜로 모든 죄의 사함을 받았고 마음에 할례를 받았습니다. 이제 저는 결코 정죄함이 없습니다.

감춰진 비밀인 진리의 복음

초대교회의 사도들과 주님의 제자들은 **"그리스도의 비밀"**(the mystery of Christ, **엡** 3:4, **골** 4:3)을

전했습니다. **"그리스도의 비밀"**은 진리의 원형복음(原形福音)인 **"물과 피의 복음"**입니다.

원형복음의 첫 번째 비밀(mystery)은 "예수님은 하나님이시다"라는 사실입니다. 당신은 예수님이 하나님이라는 사실을 믿습니까? 예수님은 하나님입니다. 신, 구약의 모든 말씀이 예수님은 육신을 입고 오신 성자(聖子) 하나님이라고 증거합니다.

예수님은 하나님 아버지와 신성(神性)과 능력에서 아무 차이가 없는 참 하나님입니다. 태초부터 계셨고 창조의 주인이셨던 예수님은 **"하나님의 영광의 광채시요 그 본체의 형상"**(히 1:3)입니다. 예수님은 육체를 입고 오신 전능하신 하나님입니다.

그러면 보이지 않는 영(靈)의 참 하나님이 무엇 때문에 우리와 같은 사람의 육체를 입고 이 땅에 오셨습니까? 왜 우주의 창조주(創造主)이신 그분이 피조물의 형상으로 이 땅에 오실 필요가 있으셨나요? 그것이 두 번째 비밀(mystery)입니다.

성자(聖子) 하나님, 예수님께서 육체를 입고 이 땅에 오셔서 행하신 일을 하나님의 말씀으로 확인하면 그 비밀을 깨달아 알 수 있습니다. 예수님은 성자(聖子) 하나님께서 처녀 마리아의 몸에 성령으로 잉태되셔서 육신을 입고 오신 분입니다. 따라서 예수님은 **"죄를 알지도 못하신 자"**(고후 5:21)이십니다. 그러면 죄가 없는 그분이 우리와 같은 육체로 이 땅에 임한 이유가 도대체 무엇일까요?

우리는 이 질문을 통해서 원형복음의 **두 번째 비밀**을 만나게 됩니다.

요단강에서 세례를 받으신 예수님

예수님께서 육체를 입고 이 땅에 오셔서 30 세가 되셨을 때에, 주님은 공생애(公生涯)를 시작하시면서 요단강에서 세례 요한에게 세례를 받으셨습니다. 사복음서(四福音書)는 한결같이 예수님께서 세례를 받으셨다는 기사를 복음의 출발점으로 기록하고 있습니다. 마가복음은 아예, **"하나님의 아들 예수 그리스도 복음의 시작이라"**(막 1:1)고 선언한 후에, 바로 세례 요한을 등장시키고 예수님이 그에게 세례를 받으셨다고 기록했습니다.

"왜 하나님이신 예수님께서 인간인 세례 요한에게 요단강에서 세례를 받으셨나?" 이 질문이 **그리스도의 가장 큰 비밀**의 문을 여는 열쇠입니다.

크리스마스(Christmas)는 예수님이 태어난 날을 기억하고 기념하는 날입니다. 이제 크리스마스는 세계인의 명절이 되었습니다. 그러나 성경은 예수님께서 받으신 세례의 기사를 더 강조하고 있습니다.

예수님의 탄생과 세례를 받으신 기사를 사복음서(四福音書)에서 비교해 보면, 다음의 표와 같습니다. 예수님의 탄생에 관한 기사는 복음서의 두 곳에만 기록되어 있지만, 예수님께서 받으신 세례에 대한 기사는 모든 복음서에서 찾아볼 수 있습니다.

예수님의 탄생과 세례에 관한 복음서의 기사 비교

기사 내용	마태복음	마가복음	누가복음	요한복음
예수님의 탄생	O	X	O	X
예수님의 세례	O	O	O	O

그러면 복음 기자(福音記者)들이 그토록 중요시한 예수님의 세례는 우리의 구원에 있어서 어떤 의미를 갖는 것일까요? 마태복음은 예수님께서 세례를 받으신 부분을 다음과 같이 기록하고 있습니다.

"이 때에 예수께서 갈릴리로서 요단강에 이르러 요한에게 세례를 받으려 하신대 요한이 말려 가로되 내가 당신에게 세례를 받아야 할 터인데 당신이 내게로 오시나이까

예수께서 대답하여 가라사대 이제 허락하라 우리가 이와 같이 하여 모든 의를 이루는 것이 합당하니라 하신대 이에 요한이 허락하는지라

예수께서 세례를 받으시고 곧 물에서 올라 오실쌔 하늘이 열리고 하나님의 성령이 비둘기 같이 내

려 자기 위에 임하심을 보시더니 하늘로서 소리가 있어 말씀하시되 이는 내 사랑하는 아들이요 내 기뻐하는 자라 하시니라" (마태복음 3:13-17)

기독교인들은 "왜 예수님께서 세례 요한에게 세례를 받으셨습니까?" 하는 질문을 받으면, 보통은 대답을 잘 못합니다. 대답을 한다고 해도, "예수님은 겸손의 모범을 보이시려고 세례를 받으셨다"라든지 "그것은 메시아 선포식을 의미한다"라고 대답합니다.

세상을 창조하신 하나님이 왜 당신의 피조물인 세례 요한에게 머리를 숙이고, 세례를 베풀라고 그에게 청했습니까?

주님은 어찌할 줄 몰라서 당황하던 세례 요한에게, **"이제 허락하라 우리가 이와 같이 하여 모든 의를 이루는 것이 합당하니라"**(마 3:16) 하고 준엄하게 명령하셨습니다. **"이와 같이 하여"**라는 말씀은 **"안수의 방법으로"**(by laying on of hands)라는 뜻입니다.

구약 시대의 이스라엘 백성들은 죄를 지으면 속죄의 제사를 드려서 죄 사함을 받았습니다. 죄인이 흠 없는 희생 제물의 머리에 안수를 하면 그의 죄가 제물에게로 넘어가도록, 하나님께서는 구원의 법을 세워 주셨습니다. 그리고 그 희생 제물이 죄인을 대신하여 피 흘려 죽게 함으로써, 그 사람은 하나님의 은혜로 죄 사함을 받았습니다. 그것이 대속(代贖)의 속죄 제사였습니다.

이처럼 구약의 속죄 제사는 1) 흠 없는 희생제물, 2) 안수(죄를 넘김), 3) 제물의 피(대속의 죽음)라는 세 가지 조건이 반드시 충족되어야 했습니다.

그러한 구약의 속죄 제사는 **"장차 오는 좋은 일의 그림자"(히 10:1)**였습니다. 예수님께서는 속죄 제사가 예표(豫表)하는 구원의 도(道)를 따라 모든 인류의 죄를 대속(代贖)하실 어린양으로 이 땅에 오셨습니다. 그리고 안수의 방법으로 세상 죄를 온전히 당신의 몸에 넘겨서 친히 담당했다고 성경은 말씀합니다.

속죄제사의 비교			
	하루치 제사	대속죄일의 제사	예수님의 영원한 제사
희생제물	흠 없는 염소(양)	수송아지와 수염소	예수님의 육체(몸)
죄를 넘기는 방법	죄인이 안수함	대제사장이 안수함	인류의 대표자인 세례 요한의 세례(안수)
죄 사함의 효력	개인의 하루치 속죄	백성전체의 일년치 속죄	전인류의 영원한 속죄
제사의 주관자	제사장	대제사장	예수 그리스도 (하늘의 대제사장)
본질성	장차올 좋은 일의 그림자 (예고편)		실체 (좋은 일 자체)
하나님의 섭리	성막에서 드렸던 첫째 제사 (폐해짐)		변역한 둘째 (영원한) 제사
제사가 완성된 곳	땅의 성막(성전)		하늘 성소

인류의 대표자인 세례 요한의 안수

흠 없는 제물로 오신 예수님은 요단강에서 세례 요한에게 안수(按手)의 형식으로 세례를 받았습니다. **"그 세례"**(the Baptism, **행** 10:37)를 받으심으로 예수님은 이 세상의 모든 죄를 육체에 짊어지셨습니다.

예수님의 머리에 안수 형식의 세례를 베푼 요한은 전 인류의 대표자입니다. 주님은 요한에 대해서, **"여인의 몸에서 난 자 중에 세례 요한보다 큰 이가 일어남이 없도다"**(마 11:11)라고 말씀하셨습니다.

세례 요한이 예수님께 베푼 세례로 세상의 모든 죄가 예수님께 온전히 넘어갔습니다. 우리가 믿든 믿지 않든, 하나님께서 세례 요한의 안수를 통해서 우리 인류의 모든 죄를 예수님에게 다 넘기신 것이 사실(fact)입니다.

예수님께서는 요단강에서 받으신 세례로 세상 죄를 온전히 넘겨받으셨습니다. 그래서 세례를 받으신 이튿날, 세례 요한은 어제 자기에게 세례를 받으신 예수님을 가리키면서, **"보라 세상 죄를 지고 가는 하나님의 어린양이로다!"(요한복음** 1:29) 하고 선포했습니다. 예수님은 **"이와 같이 하여"**(마 3:15) 세상 죄를 다 짊어지신 채로 십자가로 가셨습니다.

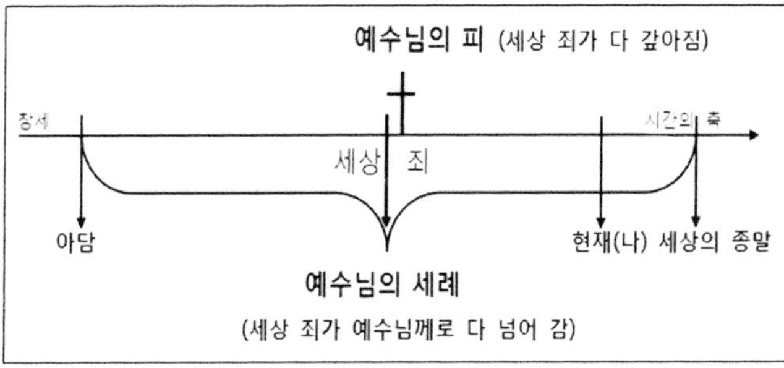

예수님께서 지금부터 약 2,000 년 전에 세례를 받으셔서, 세상의 모든 죄를 당신의 몸에 짊어지셨습니다. 내 평생의 모든 죄도 그때에 예수님께 넘어갔습니다. 예수님은 그 모든 죄의 삯(대가)을 십자가에서 흘리신 피로써 다 지불해 주셨습니다. 그러면 이제 세상에 죄가 있습니까, 없습니까? 없습니다.

예수님께서 받으신 세례가 복음의 비밀이며 구원의 능력입니다

예수님께서 받으신 세례가 복음의 비밀입니다. 많은 사람들이 예수를 믿지만 왜 의인(義人)으로 거듭나지 못하고 기독죄인(基督罪人)으로 남아 있습니까? 예수님이 하나님의 아들이라고 믿고 또 예수님이 자기를 위해 십자가에서 피 흘려 돌아가신 것도 믿지만, 자기의 모든 죄를 담당하신 예수님의 세례의 효력을 알지 못하거나 믿지 않기 때문입니다.

"또 그 안에서 너희가 손으로 하지 아니한 할례를 받았으니 곧 육적 몸을 벗는 것이요 그리스도의 할례니라 너희가 세례로 그리스도와 함께 장사한 바 되고 또 죽은 자들 가운데서 그를 일으키신 하나님의 역사를 믿음으로 말미암아 그 안에서 함께 일으키심을 받았느니라"(골 2:11-12).

예수님의 세례를 믿으면 우리는 마음에 할례를 받게 됩니다. 그것이 **"육적 몸을 벗는 것이요 그리스도의 할례"**입니다. 그 할례는 손으로 하지 아니한 할례이며, 마음에서 죄가 뚝 끊어져 나가서 의인(義人)으로 변화되는 **"마음의 할례"**(롬 2:29)입니다.

"아이구 참, 말도 안 되는 소리를 하네, 지금도 사람들이 죄를 밥 먹듯이 짓는데, 뭐 이 세상에 죄가 없다고? 그러면 묻지 마 살인을 저질렀던 조직폭력배 막가파(派)도 죄가 없다는 말이냐? 죄를 지어도 죄가 없다면 죄를 막 지어도 되겠네! 말이 되는 소리를 좀 해라!" 이렇게 반박하는 사람도 있습니다.

또, 어떤 이는 "예수님이 죄를 다 가져 갔으면, 우리가 왜 또 죄를 짓느냐? 모든 죄와 허물을 주님께서 다 가져가셨다면 우리는 더 이상 죄를 짓지도 말아야 할 것이 아니냐?" 하고 시비를 거는 이들도 있습니다.

믿음이란 무엇입니까? 믿음이란 "성경 말씀에 기록된 진리와 사실을 확인하고 확신하는 것"입니다. 내 생각에 이해가 되든, 되지 않든, 성경이 그러하다 말씀하면 그것이 진리라고 믿는 것이 믿음입니다.

우리의 마음은 사단 마귀가 오랫동안 속여온 거짓말들로 가득 채워져 있습니다. 하나님의 말씀을 믿으려면, 우리는 먼저 거짓으로 오염된 자기 생각의 마을에서 벗어나야 합니다. 주님께서 어떤 소경의 눈을 뜨게 하실 때에도, 먼저 그를 마을 밖으로 데리고 나가셨습니다(막 8:23).

지금부터 약 2,000 년 전에 전능하시고 영원하신 성자(聖子) 하나님께서 육체를 입고 이 땅에 오셔서 단 한 번 세례를 받으셨지만, 그 세례는 첫 사람 아담에서부터 세상 종말까지의 모든 인류의 죄를 단번에 다 넘겨받으신 세례였습니다. 하나님께서는 이 세상의 모든 죄를 싹싹 끌어모아서 세례 요한의 어깨와 팔을 통해서 단번에 예수님의 육체로 넘기셨습니다. 이것이 성경 말씀에 기록된 사실(fact)입니다.

그런데 사람들은 굳어진 자기 생각을 고집하면서 하나님의 말씀을 믿지 않습니다. 그래서 사도 바울은 사람들이 **"다만 자기 고집과 회개치 아니하는 마음으로 진노의 날에 자기에게 임할 진노를 머리에 쌓는도다"**(롬 2:5) 하고 개탄했습니다.

십자가에서 흘리신 대속(代贖)의 피

받으신 세례로 세상 죄를 다 넘겨받으신 예수님은 십자가로 가셨습니다. 예수님께서는 우리가 죽어야 할 그 자리에 우리 대신 못 박혀서 당신의 거룩한 피를 흘리심으로, 세례로 짊어지신 세상의 모든 죄에 대한 대가를 온전히 지불하셨습니다. **"생명은 피에 있으므로 피가 죄를 속하느니라"**(레 17:11) 하신 말씀을 따라서 인류의 죄를 대속하기 위해서 흘리신 피로 우리가 받아야 할 심판을 주님께서 대신 받아 주셨습니다.

예수님은 십자가에서 마지막 숨을 거두시기 직전에, **"다 이루었다"**(요 19:30)라고 크게 외쳤습니다. 예수님께서 **"다 이루었다"**라고 외치신 그 순간, 성전의 지성소 앞에 걸린 휘장이 위에서 아래까지 큰 폭으로 쫙 찢어졌습니다(마 27:51, 막 15:38, 눅 23:45). 그러므로 이제 주님께서 드리신 **"한 영원한 제사"**(히 10:12)를 믿는 자는 하나님의 보좌 앞에 담대히 나아가게 되었습니다. 주님께서 홀로 우리의 모든 죄를 깨끗이 없애서 우리를 죄와 사망에서 구원하신 구속의 사역을 완성하셨습니다.

"그러므로 형제들아 우리가 예수의 피를 힘입어 성소에 들어갈 담력을 얻었나니 그 길은 우리를 위하여 휘장 가운데로 열어 놓으신 새롭고 산 길이요 휘장은 곧 저의 육체니라" (히 10:19-20).

첫 언약 아래서 짐승의 피로 제사를 드릴 때에는 아무나 지성소(至聖所)에 들어갈 수 없었습니다. 오직 대제사장만이 일 년에 한 차례, 즉 대속죄일(大贖罪日)에만 지성소에 들어갈 수 있었습니다. 그것도 희생제물의 피를 들고서 향연(香煙)으로 성소를 가득 채워서 앞이 보이지 않게 한 후에야, 두렵고 떨리는 마음으로 하나님께서 임재(臨在)하시는 지성소에 들어갈 수 있었습니다. 죄인이 하나님 앞에 서면, 심판을 받고 죽임을 당하기 때문입니다.

그런데 예수님께서는 받으신 세례로 인류의 모든 죄를 다 넘겨받으셨고 십자가에서 그 모든 죄의 심판을 온전히 받아 주셨기 때문에, 이제 진리의 복음을 믿는 자는 누구든지 하나님의 보좌 앞에 담대하게 나아갈 수 있게 되었습니다.

비밀 중의 비밀인 세례

예수님께서 세례를 받으신 사건이 원형복음(原形福音)의 가장 큰 비밀입니다. 성자 하나님이신 예수님께서 육체로 오셨다는 것도 비밀(mystery)이지만, 예수님께서 요단강에서 인간의 대표자 세례 요한에게 안수(按手)의 형식으로 세례를 받으셔서 세상 죄를 담당하셨다는 사실은 비밀 중의 비밀입니다.

그 비밀을 모르는 사람은 하나님께서 우리를 어떻게 구원하셨는지를 알지 못합니다. 주님께서 받으신 세례의 능력이 복음의 비밀인데, 이 비밀을 아는 사람은 참으로 희귀합니다. 누구든지 그 비밀을 알아야만 거듭날 수 있습니다. 죄인은 **“물과 피로**

임"(요일 5:6)하신 예수 그리스도의 비밀을 깨닫고 믿어야만 의인으로 거듭날 수 있습니다.

예수님이 요단강에서 인류의 대표자인 세례 요한에게 세례를 받을 때에 전 인류의 죄가 예수님에게 온전히 넘어갔다고 성경은 분명히 기록하고 있습니다. 우리가 이 비밀을 알고 믿을 때에, 우리의 마음에서 죄가 뚝 끊어져서 예수님께 넘어갔기에, 우리는 마음에 할례(割禮)를 받습니다. 그것이 거듭남의 축복이며 죄 사함의 은혜입니다.

"할례는 마음에 할찌니 신령에 있고 의문에 있지 아니한 것이라"(롬 2:29). 할례는 마음에 받아야 합니다. 예레미야 선지자도 **"너희 마음 가죽을 베고 나 여호와께 속하라"(렘 4:4)**고 말씀하셨습니다. 마음에서 죄가 뚝 끊어져 나가는 역사, 즉 마음의 할례를 받아야만 하나님과 한 가족이 될 수 있습니다.

예수님이 세례를 받으신 복음의 비밀을 알고 믿을 때에, 우리는 마음에 할례를 받게 됩니다. 마음을 짓누르던 그 많던 죄가 없어졌으니 얼마나 시원합니까? 저도 마음에 죄가 많았던 사람입니다. 그런데 예수 그리스도의 비밀인 **"그 세례"**(the Baptism, **행** 10:37)를 깨닫고 믿었을 때에, 제 마음에 할례가 일어났습니다. 믿음으로 저는 거듭났고 결코 정죄함이 없는 의인(義人)이 되었습니다.

"이 뜻을 좇아 예수 그리스도의 몸을 단번에 드리심으로 말미암아 우리가 거룩함을 얻었노라" (히 10:10).

예수님은 인류의 구세주입니다. 예수님은 육신을 입고 오신 성자(聖子) 하나님인데, 모든 인류를 구원하시려고 단번에 자기 자신을 대속(代贖)의 제물로 드리셨습니다.

예수님께서 받으신 세례와 십자가에서 흘리신 보혈의 능력을 믿는 자는 거룩합니다. 우리는 진리의 원형복음인 **"물과 피의 복음"**을 믿음으로 의인들로 거듭났습니다.

당신도 이제는 **"물과 피의 복음"**을 믿습니까? 지금까지 십자가의 피만의 복음을 믿은 결과, 마음의 죄가 흰 눈같이 씻어졌습니까? 아니라면 이제 당신은 그 반쪽짜리 복음에서 떠나야 합니다.

물과 피로 임하신 예수 그리스도의 복음

"대저 하나님께로서 난 자마다 세상을 이기느니라 세상을 이긴 이김은 이것이니 우리의 믿음이니라 예수께서 하나님의 아들이심을 믿는 자가 아니면 세상을 이기는 자가 누구뇨

이는 물과 피로 임하신 자니 곧 예수 그리스도시라 물로만 아니요 물과 피로 임하셨고 증거하는 이는 성령이시니 성령은 진리니라 증거하는 이가 셋이니 성령과 물과 피라 또한 이 셋이 합하여 하나이니라"(요일 5:4-8)

얼마나 분명한 진리의 말씀입니까? 사도 요한은 **"하나님께로서 난 자들"** 즉 거듭난 이들만 세상을 이긴다고 선포합니다. 그리고 거듭난 이들은 **"물과 피로 임하신 자"** 곧 예수 그리스도를 믿는다고 선포합니다. 또한 요한은 성령의 증거, 물의 증거, 피의 증거, 이 세 증거가 **"합하여 하나"**인 복음이 진리의 원형복음(原形福音)이라고 선포합니다.

"이 셋이 합하여 하나"(요일 5:8)라는 말씀은 이 세 증거 중에서 어느 하나라도 빠진 복음은 온전한 복음이 아니라는 뜻입니다. 즉 이 세 증거를 다 믿지 않으면 구원을 받지 못한다는 뜻이기도 합니다.

성령님은 "예수님은 성자(聖子) 하나님이시다"라고 증거합니다.

"물"은 예수 그리스도께서 요단강 물에서 받으신 세례가 세상 죄를 당신의 육체에 담당하신 세례였다고 증거합니다.

"피"는 십자가의 보혈로 주님께서 세상 죄를 온전히 대속하셨다고 증거합니다.

이 세 증거가 합하여 하나입니다.

성령의 증거, 물의 증거, 피의 증거를 다 포함하는 복음이 진리의 복음입니다. 그 세 증거 중에서 하나라도 빼버린 복음은 변질된 가짜 복음이며, 그런 사이비 복음으로는 결코 죄 사함을 받지 못합니다. 그래서 "십자가의 피만의 복음"을 믿는 이들은 기독죄인으로 남아 있을 수밖에 없습니다. 그들은 **"결코 정죄함이 없는"** 의인이 될 수 없습니다.

세 개의 열쇠가 있어야

아파트의 현관문을 예로 들어보겠습니다. 아파트 철문에 달려 있는 세 개의 잠금 장치가 모두 잠겨 있는데, 그중에 두 개의 열쇠만 있다면 그 문을 열고 들어갈 수가 있습니까? 없습니다.

많은 사람들이 예수님을 믿는다 하면서도 예수 그리스도 안에 들어가지 못하는 것은 원형복음의 세 가지 증거를 다 알지도 못하고 알려줘도 믿지 않기 때문입니다.

"그러므로 이제 그리스도 예수 안에 있는 자에게는 결코 정죄함이 없나니"(롬 8:1)라고 말씀하셨습니다. **"예수 안에 있는 자"**란 성령의 증거, 물의 증거, 피의 증거를 다 믿어서 모든 죄의 사함을 받고 거듭난 자란 뜻입니다. 예수님은 거룩한 하나님이므로 죄인은 결코 예수님 안에 거할 수 없습니다.

거룩한 주님 안에 들어가려면 **"그리스도의 비밀"**인 세 개의 증거(열쇠)를 모두 가지고 있어야 합니다. "예수님은 하나님이시다, 예수님께서 세례를 받으심으로 세상의 모든 죄를 다 담당하셨다, 그리고 예수님이 십자가에 돌아가심으로 우리를 대신해서 우리의 죗값을 온전히 갚아주셨다"라는 세 가지 증거가 **"합하여 하나"**인 구원의 열쇠들(Keys)입니다.

영적 소경인 선생들 밑에서는 죄인들이 결코 거듭나지 못하는 이유가 바로 여기에 있습니다. 소경이 소경을 인도하면 둘 다 구렁에 빠져 멸망합니다. 거듭나지 못한 소경 목사들은 두 개의 열쇠밖에는 모릅니다. 소경인 선생들은 예수님께서 받으신 세례의 비밀을 모르기 때문입니다.

저도 예전에는 예수님께서 받으신 세례의 비밀을 전혀 몰랐었습니다. 그때에는 로마서가 참으로 어렵고 이해할 수 없었습니다. 또 갈라디아서에, **“내가 그리스도와 함께 십자가에 못 박혔나니 이제는 내가 산 것이 아니요”** 하신 말씀이 무슨 뜻인지를 알 수가 없었습니다. “내가 언제 십자가에 못 박혔나? 예수님 혼자 못 박혔지!” 말씀을 아무리 달달 외워도 저는 그런 말씀을 믿음으로 화합할 수 없었습니다.

그러나 제가 **“예수님께서 받으신 세례의 비밀”**을 깨닫고 믿은 후에는, 그토록 어려웠던 하나님의 말씀이 이해되기 시작했습니다. 예수님께서 받으신 세례로 나의 옛사람이 예수님 안으로 들어가서 주님과 연합되었기 때문에, 예수님께서 십자가에서 돌아가실 때에 나의 옛사람도 주님과 함께 죽었습니다.

당신의 옛사람이 예수님께서 받으신 세례로 예수님과 연합되었습니까? 당신의 모든 죄가 예수님에게로 넘어갔습니까? 그렇습니다. 예수님의 세례로 저의 옛사람이 예수님과 연합되었기에, 예수님께서 십자가에 못 박히신 때에 저도 주님과 함께 십자가에 못 박혔습니다. 그것이 사실(fact)입니다. 그래서 이제 저는 죄와 상관없이 다시 오실 주님을 소망 중에 바라게 되었습니다(히 9:28).

아직도 많은 기독교인들이 두 개의 열쇠만 들고 예수님 안에 들어가려고 고생을 하고 있습니다. 새벽 기도, 금식 기도, 희생, 봉사, 헌신, 작정 헌금, 장기 기증……이런 것들을 아무리 많이 해도 그런 것들로는 천국의 문을 열 수 없습니다.

주님께서 당신의 사도들과 제자들에게 전하셨고, 이제는 우리가 받아서 전하고 있는 원형의 복음, 즉 **"물과 피(세례와 십자가)의 복음"**만이 우리를 그리스도 안에 들어가게 하는 온전한 진리의 복음입니다.

예수님은 **"진실로 진실로 네게 이르노니 사람이 물과 성령으로 나지 아니하면 하나님 나라에 들어갈 수 없느니라"**(요 3:5)고 말씀하셨습니다.

이 말씀에서 **“물”**은 예수님께서 받으신 세례를 의미합니다. 주님께서 받으신 세례 속에는 예수님의 구원의 사역 전체가 다 내포되어 있습니다. 세례 요한에게 안수를 받으셔서 죄를 넘겨받은 주님께서는 물에 잠겼다가 다시 물에서 올라오셨습니다. 안수 형식의 세례로 우리의 죄를 모두 넘겨받았기 때문에, 주님은 우리를 대신해서 죽으시고 부활하실 것까지 당신의 세례 안에 계시해 준 것입니다.

물과 피와 성령의 증거 세 가지를 다 믿는 사람은 마음의 모든 죄와 허물의 사함을 받고 의인(義人)이 됩니다. 죄인이 물과 피의 복음을 믿어서 의인으로 변화되는 하나님의 축복이 바로 거듭남입니다.

물과 성령으로 거듭나는 축복에 대해서 더 자세히 알고 싶은 분들은 저희 원형복음선교회의 홈페이지를 방문해 주십시오.

https://born-again.co.kr

감사합니다.

도서출판 의제당

출/간/서/적

창세기 복음 강해설교집

창세기에서 예수님을 만나다
1,2,3,4,5,6,7

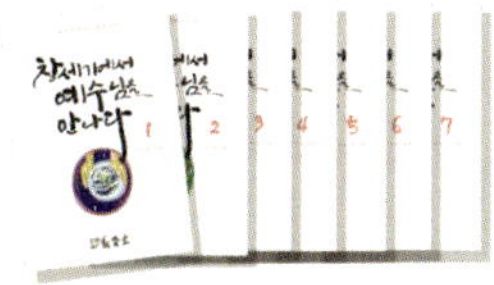

히브리서 강해설교집

복음의 원형과 영원한 속죄 1,2

요한서신서 강해설교집

1. 빛과 어두움 그리고 진리의 사랑
2. 물과 피 그리고 복음의 원형

로마서 강해설교집

1. 의인입니까 / 2. 의인입니다

마태복음 강해설교집

모든의를 이루신 예수 그리스도 1,2,3,4

요한복음 강해설교집

거듭남의 복음 (1), (2)

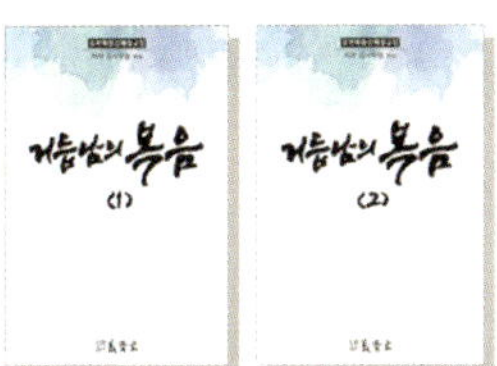

말라기서 강해설교집

레위와 세운 나의 언약

그리스도의 비밀

(한글판/영문판)

인봉된 말씀

신앙담론집
종교인과 신앙인

창세기시리즈 1권
영어번역본

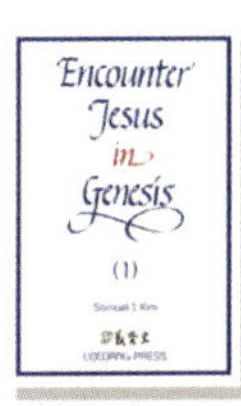

50일동안 성경 통독하고
거듭나기

50 일 동안 성경 통독하고

거듭나기

1 판 1 쇄 발행 2021 년 10 월 30 일

발행처 도서출판 의제당
주 소 제주특별자치도 제주시 계명길 10 (외도일동) 2 층
홈페이지 www.born-again.co.kr
의제당.kr
연락처 : (064) 742-8591
블로그 pilgrim1952.blog.me
문의 uijedang@naver.com

Author Samuel J. Kim
Editor Tim J. Kim
Cover Art Leah J. Kim

ISBN 979-11-87235-51-4 03230

가격 15,000 원